数独不只是**数字游戏**这么简单

数独游戏大玩家

SUDOKU

不可思议的数独世界

风靡全球二十多年的数字游戏

数独被称为“聪明人的游戏”和“头脑体操”，虽然规则简单却趣味万千，已成为备受人们追捧的益智休闲方式。因其对思维训练有独特的价值，风靡欧美和日本。

刘元宽◎改编

上海科学普及出版社

图书在版编目（CIP）数据

不可思议的数独世界 / 刘元宽改编. ——上海：上海科学普及出版社，2018
（数独游戏大玩家）
ISBN 978-7-5427-7140-7

Ⅰ．①不… Ⅱ．①刘… Ⅲ．①智力游戏－青少年读物 Ⅳ．①G898.2

中国版本图书馆CIP数据核字（2017）第330956号

责任编辑　吴隆庆

不可思议的数独世界

刘元宽　改编

上海科学普及出版社出版发行
（上海中山北路832号　邮政编码200070）

http://www.pspsh.com

各地新华书店经销　北京兰星球彩色印刷有限公司
开本 787mm×1092mm　1/16　印张 13　字数 180 千字
2018年8月第1版　2018年8月第1次印刷

ISBN 978-7-5427-7140-7　　定价 29.50 元
本书如有缺页、错装或坏损等严重质量问题
请向出版社联系调换

前　言

2004年，名为"数独"的数字益智游戏风靡欧洲。短短的几个月，这种游戏便席卷了整个世界。

数独游戏是一种随手能玩的游戏，电脑上能玩，手机上能玩，纸上更能玩。从澳大利亚到法国，从美国到日本，报纸杂志纷纷刊登这种填数游戏。在英国，数独不仅已发展成全民游戏，还有教师主张用它来训练学生的数学能力。如今，数独这场智力旋风正劲吹我国，逐渐成为一种休闲时尚，开创了一种崭新的益智休闲生活方式。

数独游戏的规则简单，不需要填字游戏所要求的语言和文化背景知识，只需要认识9个数字就能够开始冲锋陷阵，因而它大受欢迎也就不难理解了。数独富于变化，据统计，数独游戏有约66万亿亿种变化，游戏者穷其一生，也无法破解所有的数独谜题。

数独游戏可以有效锻炼人的观察能力、逻辑能力、推理能力和思维能力，同时也是对毅力的一种考验，对青少年的成长尤其有益。往往看似山穷水尽疑无路，但只要变个角度、换种思维，坚持下去，就有可能换来柳暗花明又一村的全新格局。数独游戏展现的这种独特的魅力，使无数人为之折腰。

为了推动数独游戏蓬勃、健康、迅速地发展，本书编写组多方搜集资料，精心编排，编写了这套"数独游戏大玩家丛书"，以献给广大数独爱好者。

"数独游戏大玩家丛书"共有五本，分别是《不可思议的数独世界》

《一学就会的数独游戏》《一学就会的健脑数独》《一学就会的数独进阶测验》《一学就会的数独入门》。

丛书从数独的来历、数独的规则、数独的解法技巧等入手,内容深入浅出、通俗明了地让读者了解数独世界,学会玩数独游戏,享受数独游戏的快乐。

受视野和水平所限,本书难免有不足之处,敬请读者批评指正。

目录
CONTENTS

数独的来历 / 1

    数独是什么 / 1

    数独的起源 / 1

    数独的发展推广 / 2

数独的规则 / 4

    数独术语及解题过程 / 4

    基本规则 / 14

数独的解题技巧 / 17

    直观法 / 17

    候选数法 / 21

四宫阵 / 23

    "三缺一"法之一 / 24

    "三缺一"法之二 / 27

    "二筛一"法 / 29

"三筛二"法 / 31

五宫阵 / 34

六宫阵 / 37

"五缺一""二筛一"和"三筛二"法 / 38

"四筛三"和"五筛四"法 / 41

九宫阵 / 43

精选谜题 / 59

答 案 / 167

数独的来历

数独是什么

数独是一项测验逻辑思维能力的智力游戏。每一个数独方块由 9×9 的方格组成，难度级别各不相同，但是，所需要遵从的规则是一样的：格子的每一行、每一列都必须包含数字 1~9，并且不能重复，同时保证每一个方块里的数字也包含 1~9。

根据不同难度，在整个方块里，某些数字已经填好（填好的越多，就越简单，但一般不会超过 30 个）。此外，这些包含数字的方格总是以对称的形式出现。你需要做的就是用你的逻辑思维填满剩下的方格。

数独的起源

提到数独，不能不提到 18 世纪数学界最杰出的人物之一，数学家莱昂哈德·欧拉。欧拉 1707 年出生于瑞士巴塞尔，他从小就对数学产生了浓厚的兴趣，13 岁就考入巴塞尔大学读书，15 岁大学毕业，16 岁获硕士学位，无论是在当时还是现在这都是一个奇迹。他不但为数学界做出贡献，更把数学推至几乎整个物理领域。据统计，他一生共写下了 886 本图书和论文。除了数学方面的著作，他还写了大量的力学、分析学、几何学、变分法、弹道学、航海学、建筑学方面的著作，《无穷小分析引论》《微分学原理》

《积分学原理》等都成为数学经典著作，而以欧拉命名的重要常数、公式、定理等更是屡见不鲜。欧拉一生曾在瑞士、俄国和德国学习和工作过，至今这三个国家都以欧拉为荣，都把他称为自己国家的数学家。

就是这位伟大的瑞士数学家，在1783年发明了一种当时称作"拉丁方块"（Latin Square）的游戏，这个游戏是一个 $n×n$ 的数字方阵，每一行和每一列都是由不重复的 n 个数字或者字母组成的，这被认为是数独最早的雏形。但由于种种原因，在当时并未得到广泛推广。

另外，对中国人而言，提到数独，尤其是"九宫格"，不禁会想起，数千年前，我们的祖先就发明了洛书，儒家典籍《易经》中的"九宫图"也源于此，故称"洛书九宫图"。"洛书九宫图"较之现在的数独更为复杂，不仅仅要求简单的9个数字不能重复，而且要求纵向、横向、斜向上的三个数字之和等于15。而"九宫"之名也因《易经》在中华文化发展史上的重要地位而保存、沿用至今。相传"九宫格"为唐代书法家欧阳询所创制，是我国书法史上临帖写仿的一种界格，又叫"九方格"，即在纸上画出若干大方框，再于每个方框内分出九个小方格，以便对照法帖范字的笔画部位进行练字。

❄ 数独的发展推广

如果撇开欧拉早在1783年就发明的"拉丁方块"这一数独的前身不讲，如今数独的雏型首先是在20世纪70年代美国的一家数学逻辑游戏杂志《戴尔铅笔字谜和词语游戏》（Dell Puzzle Magazines）上刊登的数独游戏，当时人们称之为 Number Place（"数字拼图"），也就是在这个时候，$9×9$ 的81格数字游戏才开始成型。

1984年4月，在日本游戏杂志上首次出现了"数独"游戏，提出了"独立的数字"的概念，意思就是"这个数字只能出现一次"或者"这个数字必须是唯一的"，并进而将这个游戏命名为"数独"（Sudoku），意为每一个方格都只能填上一个个位数。

真正使数独实现全球化的"功臣"是曾经担任中国香港高等法院法官的新西兰人古尔德。他在1997年3月前往东京游玩时注意到了刊登"数独"游戏的杂志，从此便一发不可收拾。退休后的古尔德用了6年的时间设计了"数独"游戏的电脑程序，还创立了一个专门提供这种游戏的网站。并且他还成功地引起了英国《泰晤士报》的兴趣，使其于2004年开始刊登这种"数字游戏"。时任《泰晤士报》主编迈克尔·哈维回忆道："没过几分钟，我就意识到这是一种令人叫绝的游戏。"就在《泰晤士报》发表数独游戏的两天后，《每日邮报》从另一位提供者那里拿到了一个类似的游戏，其他报刊也竞相加入了这场"数独争夺战"。时至今日，数独几乎成为一项新的全民运动，许多报纸杂志争相刊登数独游戏，与此同时还涌现出了大量关于数独游戏的书籍，专门推广此类游戏的网站也纷纷出现，更因数独的流行衍生出许多数学智力拼图游戏，如数和、变形数独等。人们对数独的热情持续增温，而且不少人认为数独也会像填字游戏一样经久不衰。

数独的规则

数独术语及解题过程

在了解数独游戏规则之前,让我们先来了解一下数独的基本元素有哪些,因为下面的技巧介绍中都会运用到这些元素。数独网格共包含 81 个单元格,这些小单元格分别组成 9 行、9 列,同时也组成了 9 个小九宫格,如图 1 所示。

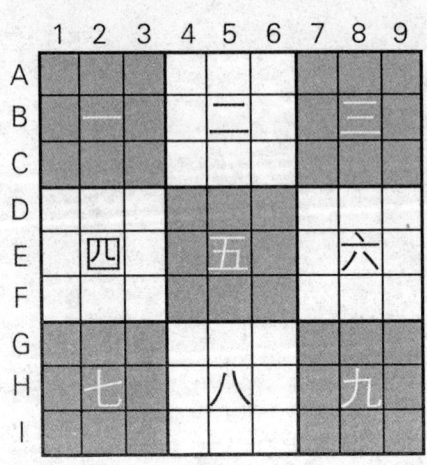

图 1

单元格:数独中最小的单元,即图 1 中最小的方框。

行：横向的 9 个单元格的集合。即图 1 中用字母 A~I 标示的横行，共有 9 行。

列：纵向的 9 个单元格的集合。即图 1 中用数字 1~9 标示的纵列，共有 9 列。

小九宫格：用粗黑线划分开的包含 3×3 个单元格的区域，即图 1 中用汉字"一"至"九"所标示的 9 个区域。

为了便于说明解题技巧，我们在数独的题目上面增加了一行 1~9 的数字，在题的左边增加了一列 A~I 的字母。需要说明的是这一行和一列并不是数独题的一部分，只是为了便于讲解而加上去的，真正的数独题里面没有这些字母和数字。

横行 A 指的是图 1 中字母 A 右边对应的一行，即从上边开始数第 1 行；横行 B 指的是字母 B 右边对应的一行，即从上边开始数第 2 行；依此类推。

第 1 列指的是图 1 中数字 1 下方对应的一列，即从左边开始数第 1 列；第 2 列指的是数字 2 下方对应的一列，即从左边开始数第 2 列；依此类推。

小九宫格"一"指的是图 1 中汉字"一"对应的九宫格，即上左区域的小九宫格；小九宫格"二"指的是图 1 中汉字"二"对应的九宫格，即上中区域的小九宫格；依此类推。

单元格 A1 指的是横行 A 与第 1 列交叉的单元格，即图 1 中最左上方的单元格；单元格 A2 指的是横行 A 与第 2 列交叉的单元格，即图 1 中最上方一行的左数第二个单元格；依此类推。

数独游戏的基本规则就是：每一行、每一列、每个小九宫格中的小单元格都必须填入 1~9 这 9 个数字；1~9 这 9 个数字在每一行、每一列、每个九宫格中只能出现一次。

这个规则是不是看起来很简单呢？就是这样一个看似简单的游戏规则，却蕴含着无限的乐趣。

理解了数独游戏的规则之后，让我们来看一道题的解题过程吧。图 2 是一道简单的数独题。

		7	3		1	4		
	4	5				1	2	
9	2						3	8
			8		7			
	5						7	
			4		9			
7	3						6	4
	6	9				3	5	
		2	6		3	9		

图 2

如图3所示，观察A、B、C这三行，从数字1起依次观察到数字9。可以看出小九宫格二和小九宫格三都有一个数字1，分别在A6单元格和B7单元格。由于A6单元格中有数字1，所以横行A中不会再有数字1。同样由于B7单元格里有数字1，所以横行B中也不能再有数字1。此时观察小九宫格一，数字1必定在单元格C3中。

同样，由于横行B的B8单元格和横行C的C2单元格中是数字2，所以小九宫格二中的数字2必定出现在A5单元格中。

	1	2	3	4	5	6	7	8	9
A			7	3	②	1	4		
B	③	4	5				1	2	
C	9	2	①					3	8
D				8		7			
E		5						7	
F				4		9			
G	7	3						6	4
H		6	9				3	5	
I			2	6		3	9		

图 3

再观察数字3，A4单元格为数字3，所以横行A中不会再有3，C8单元格为数字3，所以横行C中也不会再有3，而且前面已经确定C3单元格为数字1，所以小九宫格一中的B1单元格必定为数字3。

再往后看，数字4~9似乎都无法确定填写的正确位置。

此时我们看到小九宫格一只差两个单元格就填满了，两个单元格中差的是数字6和8。我们接着往下看，如图4所示，由于单元格H2为数字6，所以第2列中其他位置中不会有数字6，那么数字6就必定应该出现在A1单元格中。随着A1单元格的确定，A2单元格也就自然地确定为数字8，小九宫格一也就填满了。怎么样，是不是很简单啊？

	1	2	3	4	5	6	7	8	9
A	⑥	⑧	7	3	2	1	4	⑨	⑤
B		3	4	5			1	2	
C	9	2	1					3	8
D				8		7			
E		5						7	
F				4		9			
G	7	3						6	4
H		6	9				3	5	
I			2	6		3	9		

图 4

我们再来观察横行A会发现，其中只剩下单元格A8和A9是空着的，应该填入的是数字5和9。顺着这两个空格往下看，我们会发现H8单元格为数字5，所以第8列中不会再有数字5了，则在横行A中数字5必定出现在A9单元格，同时可以确定A8单元格为数字9。这样横行A中的数字也就全部填完了。

现在前三行中能确定的数基本上都填完了，我们可以继续往下看中间三行。如图5所示，自数字1起观察，由于给定的线索比较少，似乎数字1~3都找不到应该填入的位置，那么就往下接着观察数字4。

	1	2	3	4	5	6	7	8	9
A	6	8	7	3	2	1	4	9	5
B	3	4	5				1	2	
C	9	2	1					3	8
D		⑨		8		7		④	
E		5					7		
F		⑦		4		9			
G	7	3						6	4
H		6	9				3	5	
I		①	2	6		3	9		

图 5

由于横行 F 中 F4 单元格为数字 4，所以横行 F 中不会再有数字 4，此时观察小九宫格六，它里面还有 D7、D8、D9、E7、E9 单元格可能会出现数字 4。此时向外排查。发现 A7、G9 单元格为数字 4，则第 7 列和第 9 列中不会再出现数字 4，那么在小九宫格六中，数字 4 必定出现在 D8 单元格。

继续往下考察数字，由于数字 5、6 给定的线索也不是很多，所以我们来看数字 7。我们看到 D6、E8 单元格为数字 7，所以横行 D、E 中不会再有数字 7，此时观察小九宫格四，数字 7 只能出现在 F1、F2、F3 单元格中，我们顺着这三个格子往外排查，会发现 G1、A3 单元格为数字 7，因此可以断定在小九宫格四中，数字 7 在 F2 位置。

再看数字 8，好像没有什么线索，那就考察数字 9。单元格 F6 为数字 9，所以横行 F 不会再有数字 9，我们看到小九宫格四中，数字 9 还有 5 个位置可以填入。此时向外排查，我们会发现第 1 列、第 3 列中的 C1、H3 单元格为数字 9，所以第 1、3 列不会再有数字 9，则在小九宫格四中，数字 9 必定在 D2 单元格内。

此时第 2 列中只有 I2 单元格为空，应该填入唯一缺少的数字 1。至此，中间三行能填入的数字也基本填完。

看完中间三行后，我们再看后三行。如图 6 所示，从数字 1 开始观察，I2 单元格为数字 1，所以横行 I 中不会再有数字 1，此时观察小九宫格九，

数字 1 只可能出现在 G7、H9 单元格内，往上排查会发现 B7 单元格为数字 1，则在小九宫格九中数字 1 必定出现在 H9 单元格内。

接下来考察数字 2，由于 I3 单元格为数字 2，所以横行 I 中不会再有数字 2，则在小九宫格九中，数字 2 必定出现在 G7 单元格内。

往下继续考察，数字 3 在后三行中已经全部填完，数字 4 的线索暂时不够，那就来看数字 5。横行 H 中的 H8 单元格为数字 5，则横行 H 中不会再有数字 5，在小九宫格七中，数字 5 只能出现在 G3、I1 单元格内，向外排查我们会发现 B3 位置为数字 5，则第 3 列不会再有数字 5，那么 I1 单元格必定为数字 5。

	1	2	3	4	5	6	7	8	9
A	6	8	7	3	2	1	4	9	5
B	3	4	5				1	2	
C	9	2	1					3	8
D		9		8		7		4	
E		5						7	
F		7		4		9			
G	7	3	⑧				②	6	4
H	④	6	9				3	5	①
I	⑤	1	2	6	④	3	9	⑧	⑦

图 6

此时我们看到小九宫格七和九中都只剩两个空白单元格。先来看小九宫格七，还差数字 4、8，向外排查发现 G9 为数字 4，则 H1 为数字 4，G3 为数字 8。

再看小九宫格九，还差数字 7、8，向外排查发现 C9 单元格为数字 8，则 I8 为数字 8，I9 为数字 7。

观察完所有行之后，让我们再从左三列开始观察。如图 7 所示，依然是从数字 1 起观察到数字 9。由于线索有限，其他数字都无法确定，我们来看数字 4。第 1 列中的 H1 单元格为数字 4，所以在小九宫格四中，数字 4 必定出现在第 3 列，此时横向排查，发现 D8、F4 单元格为数字 4，则小九宫格四中的数字 4 必定出现在 E3 单元格。至此，左三列中似乎暂时没有能确定的数字。同理再观察中间三列，自数字 1 开始观察到数字 9。其他数字没有足够线索，也是只能看数字 4。由于 F4、I5 为 4，所以小九宫格二中，只有 B6、C6 单元格可以填入数字 4，横向排查会发现 B2 单元格为数字 4，则小九宫格二中，数字 4 必定在 C6 单元格内。

	1	2	3	4	5	6	7	8	9
A	6	8	7	3	2	1	4	9	5
B	3	4	5				1	2	
C	9	2	1			④		3	8
D		9		8		7		4	
E		5	④					7	
F		7		4		9			
G	7	3	8				2	6	4
H	4	6	9				3	5	1
I	5	1	2	6	4	3	9	8	7

图 7

观察完前三列和中间二列，再来观察最后三列。如图 8 所示，还是从数字 1 开始观察到数字 9。首先发现第 8 列中只剩下 F8 单元格是空的，应该填入唯一缺少的数字 1。

	1	2	3	4	5	6	7	8	9
A	6	8	7	3	2	1	4	9	5
B	3	4	5				1	2	⑥
C	9	2	1			4	⑦	3	8
D		9		8		7		4	
E		5	4					7	
F		7		4		9		①	
G	7	3	8				2	6	4
H	4	6	9				3	5	1
I	5	1	2	6	4	3	9	8	7

图 8

再看小九宫格三中，还缺少数字 6、7。往外排查会发现 I9 单元格为数字 7，则小九宫格三中，C7 为 7，B9 为数字 6。

至此，我们已经对行和列做了“地毯式”观察。如果再来一遍，一般的简单谜题还能找到更多的答案，但此时也可以寻找某些数字比较多的行、列、小九宫格作为突破口，会更加快速地破解谜题。

如图 9 所示，此时观察横行 C，只剩两个位置，还少数字 5、6。往下排查会发现，I4 单元格为数字 6，所以在横行 C 中，数字 6 必定在 C5 单元格，从而确定 C4 单元格为数字 5。

接下来我们会看到小九宫格二中，剩下了三个空白单元格，应该填入的是数字 7、8、9。我们往外排查会发现在第 6 列中同时出现了 7 和 9 两个数字，分别是 D6 单元格的 7 和 F6 单元格的 9，所以第 6 列中不会再出现数字 7 和 9，那么对于小九宫格二来说。B6 位置必定为数字 8。

	1	2	3	4	5	6	7	8	9
A	6	8	7	3	2	1	4	9	5
B	3	4	5			⑧	1	2	6
C	9	2	1	⑤	⑥	4	7	3	8
D		9		8		7		4	
E		5	4			⑥		7	
F		7		4		9		1	
G	7	3	8			⑤	2	6	4
H	4	6	9			②	3	5	1
I	5	1	2	6	4	3	9	8	7

图 9

再来观察第 6 列，剩下三个单元格，还缺少数字 2、5、6，由于横行 G 中的 G7 和 G8 单元格分别为数字 2 和 6，所以 G6 单元格必定为数字 5。又由于 H2 单元格为数字 6，所以 H6 单元格应为数字 2，E6 单元格也就为数字 6。

接下来，我们来观察横行 H，如图 10 所示，其中缺少数字 7、8，往上排查我们会发现 D4 单元格为数字 8，因此横行 H 中 H4 单元格为数字 7，

H5单元格为数字8。

确定了H4单元格为数字7之后，我们来看小九宫格二，会推断出B5为数字7，B4也就为数字9。

此时看第4列，还缺少数字1和2。横向排查会看到G7为数字2，所以第4列中E4单元格为数字2，G4为数字1。确定了G4为数字1之后也就确定了G5为数字9。

图 10

接下来我们继续根据已知线索来排查，如图11所示，观察到横行D、F以及第7列中都有数字9，所以在小九宫格六中能够确定E9单元格为数字9。

图 11

同理，由于第1、7列中有数字3，所以在横行E中数字3必定在E5单元格。

第7列中有数字1，因此横行E中E7为数字8，E1为数字1。

如图12所示，首先观察第1列，其中有D1、F1两个空白单元格，缺少的数字是2和8，横向排查，我们就会发现D4单元格为数字8，所以在第1列中，D1单元格为数字2，F1单元格为数字8。

	1	2	3	4	5	6	7	8	9
A	6	8	7	3	2	1	4	9	5
B	3	4	5	9	7	8	1	2	6
C	9	2	1	5	6	4	7	3	8
D	②	9	⑥	8	①	7	⑤	4	③
E	①	5	4	2	③	6	⑧	7	⑨
F	⑧	7	③	4	⑤	9	⑥	1	②
G	7	3	8	1	9	5	2	6	4
H	4	6	9	7	8	2	3	5	1
I	5	1	2	6	4	3	9	8	7

图 12

确定了D1单元格为数字2之后，观察第9列就能判断出F9为数字2，D9为数字3。

接着看第3列就能判定F3为数字3，D3为数字6。

再看第7列，可以确定F7为数字6，D7为数字5。

最后剩下的两个空格也自然确定为F5为数字5，D5为数字1。

到这里，整个谜题已经全部解答完毕。怎么样，是不是感觉很容易？先别着急高兴，这只是比较简单的题目，所以用最基本的方法就能解答出来。如果遇到了难题，这样是肯定做不出来的，到时候就会需要更高级的技巧。

基本规则

目前流行的标准数独又叫九宫阵，其基本结构是 9 个九宫组成的九宫阵式，总共有 9×9=81 个小格子（见图 13）。

图 13

数独的玩法是，先在 81 个小方格内填上一些数，数限定为数字 1~9 中的某一个（见如图 14）。题中给了数的格子称做实格，没有数的格子称做空格。要求玩者根据实格（即已知的数），通过逻辑推理，在空格内填满数字 1~9 中的某个数，使得整个九宫阵中每行、每列的格中都有 1~9 中的每个数，同时在每个九宫的格中也有数字 1~9 中的每个数（见图 15）。

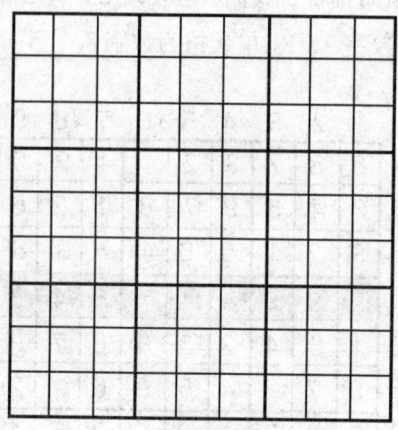

3		5						8
9	7		6				5	2
4		1			7			
8			1	2	5	9	7	6
7					8	3	2	
		2			9			
				8			4	
1	9	4		7				
5	8	6				2	3	7

图 14

3	6	5	2	9	4	7	1	8
9	7	8	6	1	3	4	5	2
4	2	1	5	8	7	6	9	3
8	4	3	1	2	5	9	7	6
7	5	9	4	6	8	3	2	1
6	1	2	7	3	9	5	8	4
2	3	7	8	5	6	1	4	9
1	9	4	3	7	2	8	6	5
5	8	6	9	4	1	2	3	7

图 15

玩数独的基本规则有以下几点：

（1）给出的初始数，不能违背“九宫阵的每行、每列及每宫的格中填入数字 1 ~9 且不能重复”这一要求。这个要求是很明显的，因为不这样根本就不可能得到正确的答案。图 16 给定的初始数就不合理，它的第三行和第九列中就出现了重复的数。

（2）答案可以而且必须根据现有的数的线索，通过逻辑逐一推导出来，切不可凭空瞎猜出来。有时瞎猜碰巧也可以得出正确的答案，但这绝不是正确的玩法。

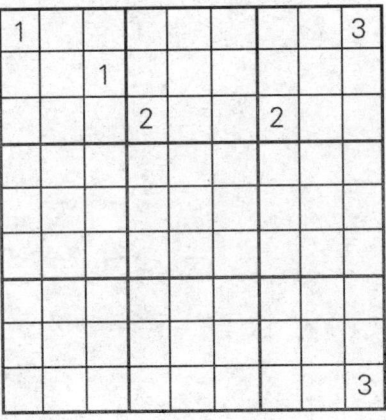

1								3
		1						
			2			2		
								3

图 16

（3）每个答案都是独一无二的，也即每个格子中应该填的数是唯一的。也就是说，不可能出现其他不同的答案，这也就是"数独"这个名称的本意。

初看起来，数独的规则并不复杂，玩法也很简单，其实这正是这种游戏的魅力所在。正因为它简单，不必用高深的学问就可以玩，所以它才易于普及，以至吸引各类文化层次不同的人的兴趣。但是，它又不简单，由于设置的初始条件不同，解题的难易程度也不同。所以，有的时候会把各类数独分成不同的难易等级，玩者可以在玩的过程中，掌握各种规律，不断提高自己的分析、推理能力，从而在智力上不断晋级。

以上说的仅是标准数独，即带有9个九宫组成的九宫阵。事实上，还有比它简单的四宫阵、六宫阵，更有比它复杂的十六宫阵、二十五宫阵等。在外形上，还出现了许多并非正方形的花式九宫阵。再从其中数的布局上说，除了以上所说的要求外，还有许多别的要求，如要求两条对角线上的9个格中也必须有数字1~9中的每个数。还有要求在其中的非正方形的异形九宫格中必须有数字1~9中的每个数，等等。这些非标准数独，我们称它为另类数独。

数独的解题技巧

数独题主要锻炼的是人的推理能力、逻辑思维能力、分析能力和观察能力等。数独的解题方法都是基于数独的规则而来的，基本上分为两大类，即直观法和候选数法，下面结合案例分别介绍这两大类解题方法。

直观法

直观法，顾名思义就是用眼观察题后，直接填入相应的数字。直观法不是一种方法的称呼，而是几种简单解数独方法的总称。一般来说，直观法包括单元限定法、单元排除法、宫格排除法、限定余数法、组合排除法、矩形排除法等。

直观法相对来说比较简单，它是通过推理和逻辑分析来确定哪个格填哪个数，或是哪个数填在哪个格里，所以基本不需要猜测，初学者很容易上手，当然用直观法解决的谜题一般都比较简单。下面介绍几种比较简单常用的直观法。

1. 单元限定法

此处的单元指的是行、列或小九宫格。使用此种方法时有三种情况：当某行有 8 个单元格中已有数字，或当某列有 8 个单元格中已有数字，或当某个小九宫格有 8 个单元格中已有数字。如图 17 所示，第 1 行已有 8 个单元格中有数字，根据规则，该行空白处必定为唯一缺少的数字 5。

单元限定法是直观法中最简单的方法。基本上只需要看谜题，推理分

9	6	7		2	4	3	8	1
1		3	6		8			
4		8		3	2	2	6	7
				5		7		8
	7		8		1	6		4
6		9	2		7	1		5
5	3	1			2		7	
				6		8	1	3
8	9	6	7				4	

图 17

析一概都用不上，这是因为要使用它所需满足的条件十分明显。同样，也正是因为它简单，所以只能处理很简单的谜题，或是在处理较复杂谜题的后期才用得上。

2. 单元排除法

单元排除法就是在某一单元（即行、列或小九宫格）中找到能填入某一数字的唯一位置，也就是把单元中其他的空白位置都排除掉。

单位排除法也是根据数独的规则而来的，即如果某行中已经有了某一数字，则该行中的其他位置不可能再出现这一数字；如果某列中已经有了某一数字，则该列中的其他位置不可能再出现这一数字；如果某小九宫格中已经有了某一数字，则该小九宫格中的其他位置不可能再出现这一数字。

如图 18 所示，小九宫格六中有 6 个单元格是空的，由于第 4 行、第 7 列和第 8 列中已经各有一个数字 2，在第 4 行、第 7 列和第 8 列中其他位置不会再有数字 2 的存在，因此小九宫格六中带阴影的空单元格都不可能有数字 2，那么小九宫格六中剩下那个空白单元格就肯定应该为数字 2 了。

	6							1
		8				4	5	
			9		3	2	6	7
7		2		1				
	4						3	②
				4		7		6
6	1	3	2		5			
	7	4				9		
5							2	

图　18

单元排除法是应用得最多的直观法，也是在平常解决数独谜题时使用最频繁的方法。

3. 宫格排除法

宫格排除法实际上是利用小九宫格与行或列之间的关系来实现的，这一点与单元排除法非常相似。

宫格排除法包括以下四种情况：当某数字在某个小九宫格中可填入的位置正好都在同一行上，因为该小九宫格中必须要有该数字，所以这一行中不在该小九宫格内的单元格上将不能再出现该数字；当某数字在某个小九宫格中可填入的位置正好都在同一列上，因为该小九宫格中必须要有该数字，所以这一列中不在该小九宫格内的单元格上将不能再出现该数字；当某数字在某行中可填入的位置正好都在同一小九宫格上，因为该行中必须要有该数字，所以该小九宫格中不在该行内的单元格上将不能再出现该数字；当某数字在某列中可填入的位置正好都在同一小九宫格上，因为该列中必须要有该数字，所以该小九宫格中不在该列内的单元格上将不能再出现该数字。

如图 19 所示，小九宫格九中的数字 7 必定在第 8 行，因此第 8 行中，不在小九宫九中的前两个单元格内肯定没有数字 7，再利用单元排除法，可以推断小九宫格七中的第 1 列数字也没有数字 7，综合起来就能推出小九宫格七中的剩余空白单元格应为数字7。

8		3				2	1	
			2		3	8		9
9	4	2			8	7	3	
<u>7</u>	2	9	3	8	4	6	5	1
	4	8		2		9		
4	6	1		7		3	2	8
2	8	5				1	9	3
		4	8	9	2	5		
	9	⑦		3		4	8	2

图 19

4. 限定余数法

限定余数法是指如果某一单元格所在的行、列及小九宫格中共出现了8个不同的数字，那么该单元格可以确定地填入还未出现过的数字。

如图20所示，第3行第9列的单元格，所在的行、列及小九宫格中共出现了8个不同的数字，因此该位置肯定是未出现的数字2。

							1	3
9		3	2	7				4
7	4		6	8	7	9		②
	9	6	3	8	7			
8	2						7	5
			4			8	6	
		9			6		4	8
4				3	8	5		6
6	5							

图 20

限定余数法是直观法中较不常用的方法。虽然它很容易被理解,但是在实践中,却不易看出能够使用这个方法的条件是否得以满足,从而使这个方法的应用受到限制。

❄ 候选数法

在谜题相对简单时,直观法可以取得相当好的效果。但是如果谜题比较复杂,直观法的效果就十分有限,即使通过试探性填数也不一定能够解题,而这时,候选数法却可以很好地发挥作用。

如果用候选数法来解题,必须首先准备一张如图21所示的候选数栅格表。

图 21

刚开始时，每个单元格中都包含了数字1～9所有的数字，它表示该单元格中在解题时还可以选择填入的数字。很明显，不在候选数中的数字是不能够填入该单元格中的。如果某一单元格中已填入一个确定的数字，则根据数独游戏的规则，即该单元格所在行、列及小九宫格中都不能再出现这个数字，则该数字应从这些单元格中的候选数字中去除。

1. 显式唯一法

显式唯一法是候选数删减法中最简单的一种方法，就是扫描候选数栅格表，如果哪个单元格中只剩下一个候选数，就可应用显式唯一法，在该单元格中填入这个数字，并在相应行、列和小九宫格的候选数中删除该数字。显式唯一法虽然简单，却是最有效的候选数删减法之一，尤其在谜题相对简单时，有时只用显式唯一法就可以解题。

2. 隐式唯一法

隐式唯一法也是唯一候选数法的一种，但它肯定不如显式唯一法那样显而易见。若一个单元格内的候选数字不止一个，但该单元格所在的行（或列、或小九宫格）内，只有它含有某一个数字，那么这个单元格就可以直接填这个数字。

4			1				6	2
	2	8		6		5		
						3		9
8					3	1		
	5			2			3	
		3	6					8
5	1 3 7 8	9						6
2 3	3 8	6		7		9	1	
1 2 3	4	1 2			6			7

图 22

如图22所示，小九宫格七中虽然有多个候选数，但观察后我们发现，其中一个单元格中有数字7，而该小九宫格中其他候选数都没有数字7，所以该单元格就应该为数字7。

四宫阵

四宫阵是最初级的数独，是专为低龄儿童和初学者设计的。

四宫阵共有 $4\times4=16$ 个格，组成四宫阵。格是指每一个格子，宫是指几个格子组成的区域，而阵是指几个宫组成的大区域。四宫阵四角上共有 $2\times2=4$个格组成的 4 个宫（见图 23）。在 16 个格子内，先给定了若干个 1 ~4之内的数字，另有一些空格内未填数（见图 24）。

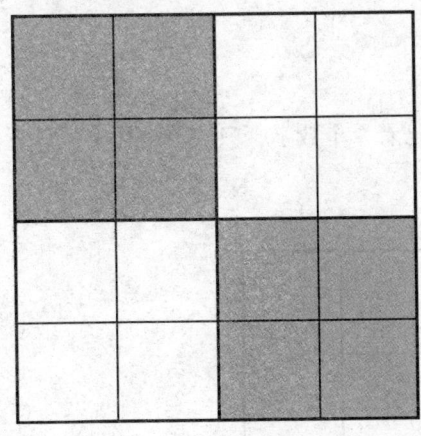

图　23

4	3		
1	2	4	
	4		1
3			4

图　24

四宫阵的解题要求是：在空格内分别填上数字 1 ~4 之内的 1 个数字，使四宫阵内每一行、每一列都有 1 ~4 的数字，每个宫的 4 格也分别有 1 ~4 的数字。即在每行、每列及每个宫的格内，只能出现 1 ~4 之内的数字，而且每个数字只能出现一次，不能重复，也不能缺少（见图25）。而且，最后的答案是唯一的，不能有多个符合要求且不同的答案。

4	3	1	2
1	2	4	3
2	4	3	1
3	1	2	4

图 25

下面我们来介绍四宫阵的解法。

"三缺一"法之一

这种方法最直观，就是每行或每列已有3个数字，只缺1个数字，只要将所缺的那个数字填上即可。

4	3		
1	2	4	
		4	1
3			4

图 26

即图27所示四宫阵，16个格子内，共填有9个数字，即有9个实格，空7个数字，即有7个空格。要求填出空出的7个数字。为了说明解法步骤，我们用A、B、C、D、E、F、G来代表要填的数（见图27）。

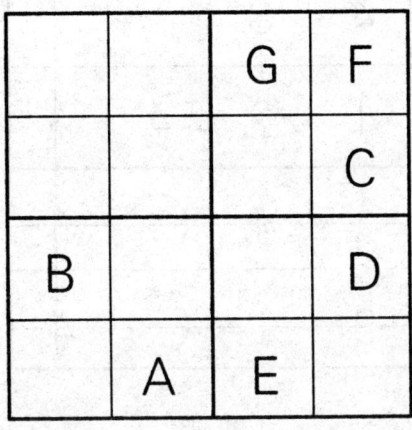

		G	F
			C
B			D
	A	E	

图 27

很明显，第一列（由左往右数为列序）、第二列、第二行（由上往下数为行序）都是“三缺一”（用画线的方式来标示，下同）。这很容易找到A为数字1、B为2、C为3，这是第一步（见图28）。

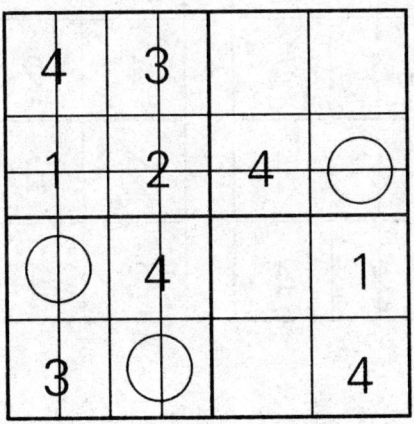

4	3		
1	2	4	
	4		1
3			4

图 28

第二步，可以看到现在第三行、第四行、第四列又是“三缺一”，又可找到 D 为数字 3、E 为 2、F 为 2。这是第二步（见图 29）。

4	3		○
1	2	4	3
2	4	○	1
3	1	○	4

图　29

最后，只剩下第一行和第三列，也是“三缺一”，因此，G 为数字 1（见图 30）。这就得到了最后的答案（见图 31）。

4	3	○	2
1	2	4	3
2	4	3	1
3	1	2	4

图　30

4	3	1	2
1	2	4	3
2	4	3	1
3	1	2	4

图　31

"三缺一"法之二

这种方法与上面解法相同,也是已知 3 个数字,只缺 1 个数字,不过,不是指某行、某列缺 1 个数字,而是指在某宫的格内缺 1 个数字。

图 32 所示的四宫阵,共填有 8 个数字,即有 8 个实格,空缺 8 个数字,即有 8 个空格。图 33 所示的四宫阵将所空缺的 8 个数用 A、B、C、D、E、F、G、H 来表示。

1		2	
2	4		
		3	2
	3		1

图 32

		A	E
		D	F
B	C		
H		G	

图 33

解这个四宫阵,先根据左上方和右下方两个宫的格内有 3 个数字,缺 1 个数字的情况,用"三缺一"填数法,得 A 为数字 3、G 为数字 4(见图 34)。这是第一步。第二步,根据第二列、第三列"三缺一"的原则,得出 C 为数字 1、D 也为 1(见图 35)。第三步,根据第一、二、三、四行都"三缺一"的原则,得出 E 为数字 4、F 为 3、B 为 4、H 为 3(见图 36)。至此,全部解都得到(见图 37)。

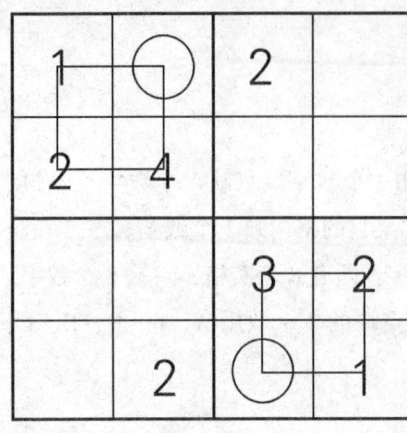

1	○	2	
2	4		
		3	2
	2	○	1

图 34

1	3	2	
2	4	○	
	○	3	2
	2	4	1

图 35

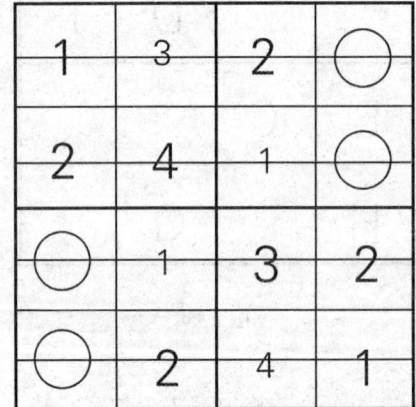

1	3	2	○
2	4	1	○
○	1	3	2
○	2	4	1

图 36

1	3	2	4
2	4	1	3
4	1	3	2
3	2	4	1

图 37

从上述步骤可知，全部解题过程中，没有单用某宫“三缺一”的方法，而是插入了某行或某列“三缺一”的方法。解四宫阵数独，往往不能全用某宫“三缺一”的方法，因为 4 个宫是相对独立的，它们的结果，不会影响到另外 3 个宫的现状。

"二筛一"法

图38所示的四宫阵中，已填好6个数字，即有6个实格，待填10个数字，即有10个空格。我们用A、B、C、D、E、F、G、H、I、J 10个字母来代替欲填的数字（图39）。

		4	1
	3		4
	4	1	

图 38

H	G		
I	J	C	F
B		A	
D			E

图 39

我们来看，其中第一、三、四行或第二、三、四列和左下、右上、右下方的3个宫的格内都只有2个数字，都缺2个数字。显然这里不能用"三缺一"的方法去解。

怎么办呢？我们来用筛选法，从2个空缺的数字中筛去1个。先看第三行，填有数字3、4，缺2、1。那么A、B哪个填数字2，哪个填数字1呢？

先看A，因为第三列中已有数字1，所以A不能为1，而应为2。那么B就为数字1了（见图40）。

接下去，用上面说的"三缺一"原则，可以得知C为数字3、D为2、E为3，进而得知F为2（见图41）。

		4	1
○	3	○	4
		4	1

图 40

		4	1
		3	○
1	3	2	4
2	4	1	3

图 41

下面剩下 4 个数，又是"二缺二"，可以继续用"二筛一"的筛选法，排除其中一个数字。先看第一行，已有数字 4、1，缺 2、3。因为第二列中已有数字 3，所以 G 不能为 3，则只能为 2，而 H 就是 3。再看第二行，已有数字 3、2，缺 1、4。因为第一列中已有数字 1，所以 I 不能为 1，而为 4，则 J 为 1（见图 42）。最后结果如图 43 所示。

○	○	4	1
○	○	3	2
1	3	2	4
2	4	1	3

图 42

3	2	4	1
4	1	3	2
1	3	2	4
2	4	1	3

图 43

"三筛二"法

图 44 所示的四宫阵,只填有 4 个数字,即有 4 个实格,尚缺 12 个数字,即有 12 个空格,似乎很难解。难解的原因是它每一行、每一列及每一个宫的格中,都只有 1 个数字,都缺 3 个数字。

		1	
3			
			2
	3		

图 44

但是,这个四宫阵却有解,我们可以采用"三筛二"的办法,从缺少的 3 个数字中筛去 2 个数字,从而确定 1 个数字。

同样,我们用 A、B、C、D、E、F、G、H、I、J、K、L 来代表 12 个缺少的数字(见图 45)。

J	I		H
	G	A	F
L	K	B	
	E	C	D

图 45

先看第三列，已有数字1，缺2、3、4。但是，右下方宫的格中已有数字2，所以B、C不能为2，则可以用筛选法中的"三筛二"法，把B、C为2筛掉，剩下就是A为2了（见图46）。

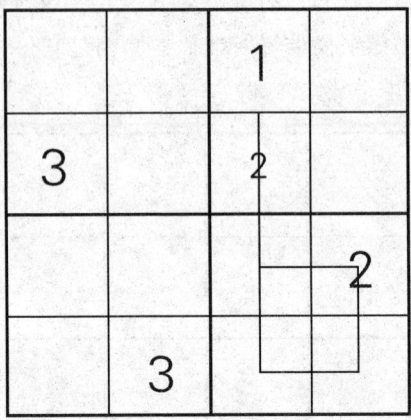

图 46

这时，第三列已有数字1、2，缺3、4，则可以用"二筛一"的方法，找到B和C。因为第四行中已有数字3，所以C不能为3，则B为3、C为4（见图47）。

这时，右下方宫的格中是"三缺一"，可知D为数字1。接着在第四行是"三缺一"，可得E为2（见图48）。

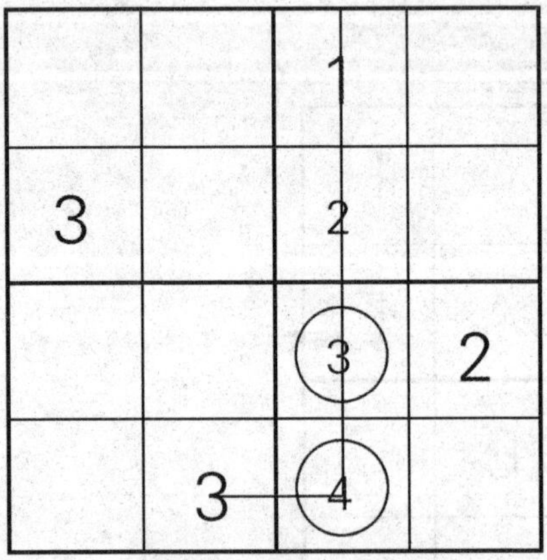

图 47 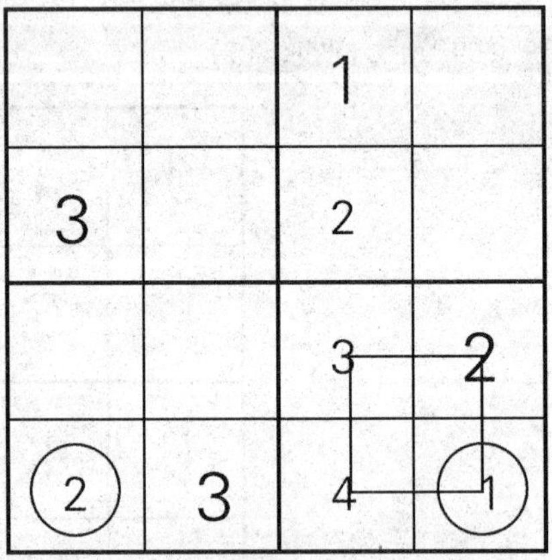　　　　　　　　图 48

下面可以在第一、四列中用"二筛一"法，从空缺的2个数字中筛去1个数字。第一列缺数字1、4，但第一行有1，所以J不能为1，而为4，则L为1；第四列缺数字3、4，但第二行有3，所以F不能为3，而为4，则H为3（见图49）。

最后，第一、二、三行都是"三缺一"，很容易得知I为数字2、G为1、K为4。由此得到最后答案（见图50）。

图 49　　　　　　　　　　图 50

五宫阵

五宫阵是在5×5的大方格中，分成25个小方格。其中25个格各分成5个5格组合而成的区域。由于5个格不能组合成正方形，所以严格地说，五宫阵应是另类宫阵中的异形五宫阵。

五宫阵的游戏规则：先在25个小方格中，填上部分1~5中的数字。要求将其他小方格中的数字一一填上，最后使得每行、每列5个小格中分别都有1~5各个数字，同时5个异形区域内的5个小方格中也要有1~5各个数字。当然，所有填上的数都要根据规则来推理。

我们先以图51所示的五宫阵来加以说明。其中25格中已填有14个数字，即有14个实格，尚待填11个数字，即有11个空格。我们分别用A、B、C、D、E、F、G、H、I、J、K来代表这11个数字（见图52）。

	4	3	2	1
1				2
	3		1	4
	1	2		
3		1	4	

图 51

A				
	D	J	I	
B		K		
C			H	G
	E			F

图 52

下面介绍填法。我们先看某行、某列、某异形区域内有没有已填好4个数字，缺1个数字的情况。若有，则可用“四缺一”的方法，找到所缺的数字。我们一眼就看到第一行有4个数字，所以很快找到A为数字5。接着，我们又可以看到，这时左上角那个异形区域内也有4个数字了，于是又找到B为数字2。这时，第一列中又有4个数字了，得C为数字4。接下去又可从左边居中的异形区域内找到D为数字5。以下，第二列又是“四缺一”，可知E为数字2。再在第五行找到F为数字5，在第五列找到G为3，在第四行找到H为5，在第四列找到I为3，在第二行找到J为4，在第三列找到K为5（见图53）。

5	4	3	2	1
1	5	4	3	2
2	3	5	1	4
4	1	2	5	3
3	2	1	4	5

图 53

	1		5	
1	2			
5		3		
		4		

图 54

下面来介绍一个较难填的题。在图54中，我们找不到某行、某列、某区域内“四缺一”的情况。这时我们可以采取别的方法来解。

初看起来，这个五宫阵25个格中只填了7个数字，即只有7个实格，似乎很难入手。其实只要开动脑筋，还是会找到出路的。同样，我们用A～R共18个字母来代表欲填的18个数字（见图55）。

我们来看几个关键格子。先看A格，它处在第三行，这一行已有数字1、2，缺3、4、5。但是它又处在第三列，这一列中已有数字3、4。所以A不能是数字1、2、3、4，只能是5。

H	F	D	K	B
I		C		J
		A	R	M
		G	O	N
L	E		P	Q

图 55

4	3	1	2	5
3	1	2	5	4
1	2	5	4	3
5	4	3	1	2
2	5	4	3	1

图 56

再看 B 格，它处在第五列。在这一列中，因为 J 格与数字 5 同处一行，所以 J 不能是 5。又因为 M、N、Q 格与数字 5 又同在一异形区域内，所以 M、N、Q 也都不能是 5。采用排除法，在第五列中，排除 J、M、N、Q 为 5，那么只能 B 为 5。

再看 C 格，由于该异形区域内已有数字 1、5、3，而缺 2、4，但 G 在第二列中，而该列中已有数字 2，所以 G 不能为 2，故 C 为 2，G 为 4。

这时，第三列为"四缺一"，所以 D 为数字 1。再看第二列，已有数字 1、2、4，缺 3、5。但 F 在第一行，而第一行中已有数字 5，所以 F 不能为 5，则有 E 为 5，F 为 3。

下面各格的数，可以用以上方法一一得到，就不再详述了。答案见图 56。

六宫阵

六宫阵也是比较初级的数独，它比四宫阵每边多 2 个小格，即由 $6 \times 6 = 36$ 个格组成有 6 个宫的阵。即有 $2 \times 3 = 6$ 个格的宫（见图57）。

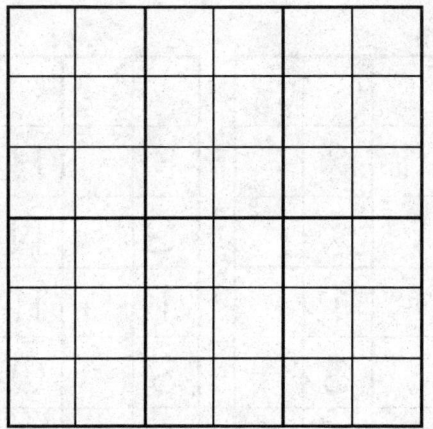

图 57

六宫阵是在 36 个格中，先填上若干个 1~6 的数字，再在另外一些空格上来填数。解题规则是要求在空格内分别填上 1~6 的数字，使每行、每列和每个宫内都有 1~6 的数字。即在每行、每列和每个宫的格内没有 1~6 重复的数字，也没有 1~6 缺少的数字。这些空格内的数是唯一的，不可能出

现多个可能的答案。而且这些答案都可以通过现有的数推理出来，而不是乱猜碰巧得到的。

六宫阵的基本解法和四宫阵差不多，只是稍复杂些，下面分两类来说明。

"五缺一""二筛一"和"三筛二"法

比较简单的六宫阵，可以采用解四宫阵的方法，即用"五缺一""二筛一"和"三筛二"的方法顺利解决。

现在用图 58 所示的六宫阵来加以说明。此六宫阵中已填有 14 个数字，即有 14 个实格，缺 22 个数字，即有 22 个空格。同样我们可以用 A 至 V 的字母来表示所缺的数字（见图 59）。

6	2	3			
	3		1	2	
	4				
	6			1	
	5			3	
			6	4	2

图 58

			P	J	L
F		H			I
G		N	O	K	M
T		R	V		D
S		Q	U		E
C	A	B			

图 59

先看第二列，已有 5 个数字，只缺 1 个数字。运用"五缺一"的方法，即可得 A 为数字 1（见图 60）。

图 60

下面看第六行和左上、右下面的宫的格中，都已有 4 个数字，缺 2 个数字。这可以用"二筛一"的方法，筛去其中 1 个，得到另一个数字。其中第六行缺 3、5 这 2 个数字，因第三列已有 3，故可在第三列的 B 中筛去 3，所以 C 为 3，得 B 为 5（见图 61）。其次在右下面的宫的格中，已有 4 个数字，缺数字 5、6。你可以发现所缺的 5、6 分别在第四、五行，而第四、五行中分别有 6、5，所以 D 不能为 6，E 不能为 5，故得 D 为 5、E 为 6（见图 62）。同样在左上宫的格中也有 4 个数字，缺数字 1、5。因为第二行中已有 1，故 F 不能为 1，可以筛去，则 F 为 5，进而得 G 为 1（见图 63）。

图 61

图 62

6	2	3			
⑤	3		1	2	
①	4				
	6			1	5
	5			3	6
3	1	5	6	4	2

图 63

接下来，第二行中又有 4 个数字，缺数字 6、4，因为第六列中有 6，同样用“二筛一”法，得 H 为 6、I 为 4（见图 64）。这样，在第五、六列又出现只缺 2 个数字的情况，同理可得 J 为数字 5、K 为 6、L 为 1、M 为 3（见图 65）。

6	2	3			
5	3	⑥	1	2	④
1	4				
	6			1	5
	5			3	6
3	1	5	6	4	2

图 64

6	2	3		⑤	①
5	3	6	1	2	4
1	4			⑥	③
	6			1	5
	5			3	6
3	1	5	6	4	2

图 65

下面我们来看第三列，其中已有 3、6、5 这 3 个数字，缺 1、2、4 这 3 个数字。这可以用“三筛二”的方法来解。请看第三行中已有数字 1 和 4，故 N 不能为 1 和 4，所以 N 应为 2（见图 66）。

6	2	3		5	1
5	3	6	1	2	4
1	4	②		6	3
	6			1	5
	5			3	6
3	1	5	6	4	2

图 66

6	2	3	4	5	1
5	3	6	1	2	4
1	4	2	5	6	3
2	6	4	3	1	5
4	5	1	2	3	6
3	1	5	6	4	2

图 67

现在第三行已有 5 个数字，可用"五缺一"法，得到 O 为数字 5。接着看上面中间那个宫的格中又只缺 1 个数字，即可得 P 为数字 4。剩下第一列、第三列、第四列中都只缺 2 个数字，分别可用"二筛一"法得到 Q 为数字 1，R 为 4，S 为 4，T 为 2，U 为 2，V 为 3（见图 67）。

❄ "四筛三"和"五筛四"法

比较难解的六宫阵，往往在某一行、某一列或某个宫中，都只有 2 个数字，甚至 1 个数字，缺 4 个、甚至缺 5 个数字。这就要求在 4 个数字中筛掉 3 个，或在 5 个数字中筛掉 4 个。这看起来很难，但只要把眼光看宽些，就可以在看似"山重水复疑无路"时，找到"柳暗花明又一村"。

下面举例加以说明。

在图 68 所示的六宫阵中，上面中间那个宫的格中只有数字 1、4 这 2 个数字。这里缺了数字 2、3、5、6 共 4 个数字，分别用 A、B、C、D 这 4 个字母表示（图 69）。怎么从中筛去 3 个数字呢？我们来看下面中间的宫中有一个数字 5，这表示第四列中不能再出现数字 5。因此，可以得知上面中间宫中第四列的3个数字不是数字5，即B、C、D都不是数字5，于是可以找到A是数字5。至于其他数字的找法，可以用前面讲过的方法，这里就不再讲解了。

		4			1
	1				3
6	2	1			
			5	1	3
	5			4	
1			4		

图 68

		4	B		
		Ⓐ	C		
		1	D		
			5		

图 69

再来讲“五筛四”的方法。我们来看图70所示的六宫阵。其中上面中间那个宫中，只有1个数字，尚缺5个数字，分别用A、B、C、D、E表示(见图71)。怎么从5个数字中筛去4个数字呢？看第一行和第二行，它们中都有一个数字6，这表示A、B、C、D都不能是数字6，所以得到E为数字6。其他数字的找法可采用同样方法找到。

6	3			2	
1				3	6
		3			
			4		
4	1				3
	2			6	4

图 70

6		A	B		
		C	D		6
		3	Ⓔ		

图 71

九宫阵

标准数独是 9×9 共 81 个方格组成的九宫阵图。其中包括 9 个九宫。为了方便说明具体解法,我们对各宫及格加以定名。

先看图 72,我们按从上到下、从左到右的顺序,依次划分九宫,即上左宫为第一宫……下右宫为第九宫。

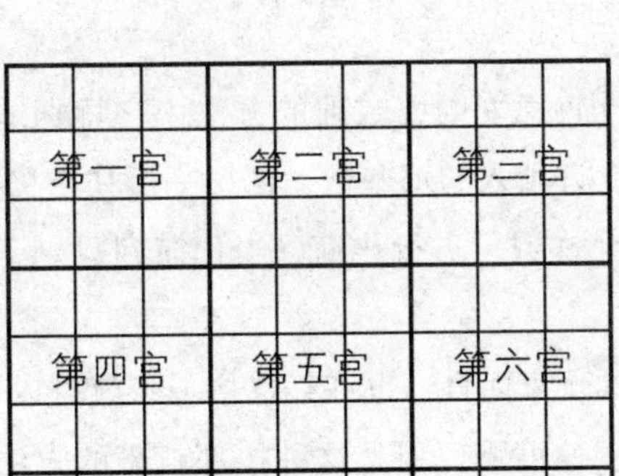

图 72

现在看图 73,每格从左到右为行,从上到下为列。行序从上到下,分别为第一行到第九行;列序为从左到右分别为第一列到第九列。每个格子用行和列两个数命名,如最左上角一格为 (1,1) 格……最右下角一格为 (9,9) 格,括号内前一个数表示格子所在行,后一个数表示格子所在列。

	第一列	第二列	第三列	第四列	第五列	第六列	第七列	第八列	第九列
第一行	(1,1)	(1,2)	(1,3)	(1,4)	(1,5)	(1,6)	(1,7)	(1,8)	(1,9)
第二行	(2,1)	(2,2)	(2,3)	(2,4)	(2,5)	(2,6)	(2,7)	(2,8)	(2,9)
第三行	(3,1)	(3,2)	(3,3)	(3,4)	(3,5)	(3,6)	(3,7)	(3,8)	(3,9)
第四行	(4,1)	(4,2)	(4,3)	(4,4)	(4,5)	(4,6)	(4,7)	(4,8)	(4,9)
第五行	(5,1)	(5,2)	(5,3)	(5,4)	(5,5)	(5,6)	(5,7)	(5,8)	(5,9)
第六行	(6,1)	(6,2)	(6,3)	(6,4)	(6,5)	(6,6)	(6,7)	(6,8)	(6,9)
第七行	(7,1)	(7,2)	(7,3)	(7,4)	(7,5)	(7,6)	(7,7)	(7,8)	(7,9)
第八行	(8,1)	(8,2)	(8,3)	(8,4)	(8,5)	(8,6)	(8,7)	(8,8)	(8,9)
第九行	(9,1)	(9,2)	(9,3)	(9,4)	(9,5)	(9,6)	(9,7)	(9,8)	(9,9)

图 73

这里介绍一种比较稳妥的解数独的方法，它特别适用于初学者。这种方法是先把空格中允许填入的那些数，都一一标在空格里。然后根据规则，一个一个来筛除不允许数，进行化简，当化简到只剩下一个允许数时，答案便得到了。

对于某些熟练的玩家而言，也许某空格一眼就可以看到最后的化简数，会嫌这种解法繁琐、速度慢，但是这种按部就班的方法却比较稳妥，它像层层剥笋那样，会一步一步接近目标，不容易出错。

1. 解简易题的步骤

先看图74所示的数独例题。它共填有36个数字，缺45个数字。即此题有实格36个、空格45个。

现在要在每个空格中填允许数。我们先按每行的次序来填。第一行中已填有3、6、4、5、8这5个数字，根据规则，每行数不能重复，因此第一行各空格只能填数字1、2、7、9中的一个，在无法确定哪个是答案之前，先将这4个允许数字都填上。第二行只填有1、3、5这3个数字，那么这行6个空格都填入2、4、6、7、8、9。其他行类推，可得到图75所示的允许数表。

3	6				4	5		8
		1		3	5			
	9		1			2	7	
		4		1	7			6
	1	3				7	4	
7			4	9		8		
	5	8			9		3	
			6	8		4		
1		9	3				8	7

图 74

3	6	1279	1279	1279	4	5	1279	8
246789	246789	1	246789	3	5	246789	246789	246789
34568	9	34568	1	34568	34568	2	7	34568
23589	23589	4	23589	1	7	23589	23589	6
25689	1	3	25689	25689	25689	7	4	25689
7	12356	12356	4	9	12356	8	12356	12356
12467	5	8	12467	12467	9	12467	3	12467
123579	123579	123579	6	8	123579	4	123579	123579
1	2456	9	3	2456	2456	2456	8	7

图 75

下面来化简。根据规则，每列中的数不能重复，因为第一列已填入数字 3、7、1，就不能再出现这 3 个数字，因此这一列 9 格中的允许数里可以

45

筛除这3个数字。第二列已填入数字6、9、1、5，同样可以将这一列9格中的允许数筛除这4个数字。其他列类推，可得图76这个化简了一次的表。

继续化简。根据规则，每个宫中的数不能重复。第一宫中已有数字1、3、6、9，在这宫中的其他空格中不允许再填1、3、6、9，就可以筛除这4个数字。其他宫进行同样处理，化简后得图77。

3	6	27	279	27	4	5	129	8
24689	2478	1	2489	3	5	69	269	249
4568	9	56	1	456	368	2	7	345
2589	238	4	2589	1	7	39	259	6
25689	1	3	2589	256	268	7	4	259
7	23	256	4	9	1236	8	1256	1235
246	5	8	27	2467	9	16	3	124
259	237	257	6	8	123	4	1259	12359
1	24	9	3	2456	26	6	8	7

图 76

3	6	27	279	27	4	5	19	8
248	2478	1	289	3	5	69	69	49
456	9	5	1	6	68	2	7	34
2589	28	4	258	1	7	39	259	6
25689	1	3	258	256	268	7	4	259
7	2	256	4	9	236	8	125	1235
246	5	8	27	247	9	16	3	12
2	237	27	6	8	12	4	1259	1259
1	24	9	3	245	2	6	8	7

图 77

图 77 只是根据基本规则得到的结果，只是每个空格允许填的那些数字的初步信息，而不是最终答案。想办法对其进行再化简，化简到每个空格中只有 1 个允许数字，最终答案才能得到。

从图 77 可知，(3, 3) (3, 5) (6, 2) (8, 1) (9, 6) (9, 7) 这 6 格中只剩 1 个数，这样，这 6 格中的数就定下来了，这样就可以把它们升格为唯一允许数，按上面的方法，做新一轮化简，得图 78。这时，又有 (2, 7) (3, 6) (4, 2) (6, 3) (7, 4) (7, 7) (7, 9) (8, 3) (8, 6) (9, 2) 格中出现唯一数。再把它们升为已知数，同法继续化简，得图 79。此时，又有 (1, 3) (1, 8) (2, 2) (2, 4) (2, 8) (2, 9) (3, 1) (3, 9) (4, 7) (5, 6) (6, 6) (7, 1) (7, 5) (8, 2) (9, 5) 格有了唯一数字。剩下只有不多的格子内有多个允许数字，再按上法做两次化简，就得到最终答案了（见图 80）。

3	6	27	279	27	4	5	19	8
48	478	1	289	3	5	9	69	49
45	9	5	1	6	8	2	7	34
589	8	4	258	1	7	39	259	6
5689	1	3	258	25	68	7	4	259
7	2	6	4	9	36	8	15	135
46	5	8	7	47	9	1	3	2
2	37	7	6	8	1	4	59	59
1	4	9	3	45	2	6	8	7

图 78

仔细按上面三个步骤循环操作，只要稍加留意，不容易出错。如果熟练了，三步可合一步，在空格中逐个填入允许数字即可。

3	6	2	29	27	4	5	1	8
48	7	1	2	3	5	9	6	4
4	9	5	1	6	8	2	7	3
59	8	4	25	1	7	3	259	6
59	1	3	258	25	6	7	4	259
7	2	6	4	9	3	8	15	135
6	5	8	7	4	9	1	3	2
2	3	7	6	8	1	4	59	59
1	4	9	3	5	2	6	8	7

图 79

3	6	2	9	7	4	5	1	8
8	7	1	2	3	5	9	6	4
4	9	5	1	6	8	2	7	3
9	8	4	5	1	7	3	2	6
5	1	3	8	2	6	7	4	9
7	2	6	4	9	3	8	5	1
6	5	8	7	4	9	1	3	2
2	3	7	6	8	1	4	9	5
1	4	9	3	5	2	6	8	7

图 80

以上说的是简易数独题，用以上三个步骤循环解下去，最终就能得到答案。但是，较复杂的题，这样做得不到最终答案，有些空格中还会存在多个允许数。于是就需要其他化简技巧了。

2. 解复杂题的化简技巧

对于较复杂题的解题方法，可以对允许填入各个空格的多个数进行化简。化简技巧有多种，这里介绍几种。如果对这些技巧运用自如了，解复杂题就有办法了。

下面举例来说明。

				4	9			
						7		
5						6	2	
	1							
	8	9						3
			6					
					8		1	9
6			2					
	4							

图 81

1235678	1235678	1235678	1235678	4	9	1235678	1235678	1235678
12345689	12345689	12345689	12345689	12345689	12345689	7	12345689	12345689
5	134789	134789	134789	134789	134789	6	2	134789
23456789	1	23456789	23456789	23456789	23456789	23456789	23456789	23456789
124567	8	9	124567	124567	124567	124567	124567	3
12345789	12345789	12345789	6	12345789	12345789	12345789	12345789	12345789
234567	234567	234567	234567	234567	8	234567	1	9
6	1345789	1345789	2	1345789	1345789	1345789	1345789	1345789
12356789	4	12356789	12356789	12356789	12356789	12356789	12356789	12356789

图 82

图 81 中共填有 17 个数字，缺 64 个数字，即有实格 17 个、空格 64 个。先按基本规则来填各格的允许数字。第一步按每行的顺序填，得图 82 所示允许数字表。第二步再按每列顺序填，得图 83 所示允许数字表，数字得以一次化简。第三步按每个宫顺序填，得图 84 所示允许数字表，数字得以又一次化简。

12378	23567	1235678	13578	4	9	12358	35678	125678
123489	23569	1234568	134589	1235689	123456	7	345689	124568
5	379	13478	134789	13789	1347	6	2	1478
234789	1	2345678	345789	2356789	234567	234589	3456789	245678
1247	8	9	1457	12567	124567	1245	4567	3
1234789	23579	1234578	6	1235789	123457	1234589	345789	124578
2347	23567	234567	3457	23567	8	2345	1	9
6	3579	134578	2	135789	13457	134589	345789	14578
123789	4	1235678	135789	12356789	123567	123589	356789	125678

图 83

12378	2367	123678	13578	4	9	1358	358	158
123489	2369	123468	1358	123568	12356	7	34589	1458
5	379	13478	1378	1378	137	6	2	148
2347	1	234567	345789	235789	23457	24589	456789	245678
247	8	9	1457	1257	12457	1245	4567	3
2347	2357	23457	6	1235789	123457	124589	45789	124578
237	2357	2357	3457	3567	8	2345	1	9
6	3579	13578	2	13579	13457	3458	34578	4578
123789	4	123578	13579	135679	13567	2358	35678	25678

图 84

从图 84 可以看出，在空格中，虽经化简，但仍然都有多个允许数字。也就是说，通过以上三个步骤的化简，还没有一个空格中只有 1 个数字，因此，需要运用其他的化简技巧进一步化简。

(1) 利用每行、每列、每宫中只有一个“异”数的空格的化简

我们来看图 84 的第三宫，其中 8 个格中都没有数字 9，只有（2，8）格中有 1 个特别数字 9，它在这一宫的允许数中，是唯一的“异”数。根据规则，每一宫中的数字不能重复，即 1 ~9 这 9 个数字中各只有 1 个。所以，（2，8）格中的允许数字只能为 9，其他允许数字都可化简掉。

（2，8）格中的数字 9 定下后，再来看它所在的第二行，其中（2，1）格的允许数字为 1、2、3、4、8、9，（2，2）格的允许数字为 2、3、6、9，这行其他格中都没有 9 这个允许数字。根据每行 9 个数不能重复的规则，既然（2，8）格数字为 9，所以（2，1）（2，2）格数中不能有 9，就可以分别化简为 1、2、3、4、8 和 2、3、6。

这时再来看第一宫，又只有（3，2）格出现 9 这个“异”数。可确定（3，2）格数字为 9。接着来看第一列，只有（9，1）格中有“异”数 9，所以确定（9，1）格数字为 9。接下去可将第九行中（9，4）、（9，5）格

12378	2367	123678	13578	4	9	1358	358	158
12348	236	123468	1358	123568	12356	7	9	1458
5	9	13478	1378	1378	137	6	2	148
2347	1	234567	9	23578	23457	2358	45678	245678
247	8	9	1457	1257	12457	1245	4567	3
2347	2357	23457	6	123578	123457	9	4578	124578
237	2357	2357	3457	3467	8	2345	1	9
6	357	12378	2	9	13457	3458	34578	4578
9	4	123578	1357	13567	13567	2358	35678	25678

图 85

中的允许数字9去掉。于是，在第八宫中，只有（8，5）格中有“异”数9，从而定下（8，5）格数字也为9。此时，又可将第5列（4，5）（6，5）格中的允许数字9去掉。这样在第五宫中，只有（4，4）格数字有9，定下（4，4）格数为9。再看第六宫，因为（4，4）格数为9，可把（4，7）（4，8）格中的允许数字9去掉，又因为（2，8）格数为9，又可把（6，8）格数中的允许数9去掉，得到只有（6，7）格数中有9，最后定下（6，7）格数为9。至此，九个宫中的9都找全了（图85）。

同理，在第四宫中，只有（4，3）格中有“异”数6，故可得（4，3）格数为6。这样在第4行的（4，8）（4，9）格中也不能有6。由此，在第六宫中，只有（5，8）格出现“异”数6，确定了（5，8）格数为6。依次可得（9，9）格数为6，（7，5）格数为6。最后可化简成图86。在这个例子中，关键是先得出（2，8）格中的“异”数9。

12378	2367	12378	13578	4	9	1358	358	158
12348	236	12348	1358	12358	12356	7	9	1458
5	9	13478	1378	1378	137	6	2	148
2347	1	6	9	23578	23457	2458	4578	24578
247	8	9	1457	1257	12457	1245	6	3
2347	2357	23457	6	123578	123457	9	4578	124578
237	2357	2357	3457	6	8	2345	1	9
6	357	13578	2	9	13457	3458	34578	4578
9	4	123578	1357	1357	1357	2358	3578	6

图 86

必须说明的是，以上步骤之间，下一步和上一步都是有因果关系的，要一步接一步，环环相扣才行。

（2）利用每行、每列、每宫中只有两个“异”数的空格的化简仍以图81所示的题来加以说明。通过上面的化简，先得到图86一些结论。下面来进一步化简。

来看第二宫，其中只有（2，5）（2，6）两格中有2个“异”数2、6，这说明不管在第二宫中或第二行中，其他空格中再也不能出现2、6这2个数了。同理，在第七宫中，同样只有（8，3）（9，3）两格中有“异”数1、8，因此在第七宫和第三列的其他空格中，再也不能填入1、8这2个数字了。

这样化简的结果，（2，2）格中就剩下唯一数3，第二行、第三列的其他有关格中的允许数也得到相应的化简（图87）。

18	6	2	7	4	9	1358	358	158
18	3	4	5	2	6	7	9	18
5	9	7	138	138	13	6	2	148
2347	1	6	9	3578	23457	2458	4578	24578
247	8	9	14	157	12457	1245	6	3
2347	257	35	6	13578	123457	9	4578	124578
237	257	35	34	6	8	2345	1	9
6	57	18	2	9	13457	3458	34578	4578
9	4	18	13	1357	1357	2358	3578	6

图 87

由于（2，2）格数是3，所以第二行、第二列、第一宫中，有关格中的允许数又可以进行化简。此时，第二宫中的（1，4）格只有1个“异”数7，接着（2，4）格又只有1个“异”数5，故该宫有关格中的允许数及其他宫的有关允许数又可以进一步化简（图88）。

（3）利用每行、每列、每宫中出现含有两个交错数字的三个空格的化简

18	6	2	7	4	9	1358	358	158
18	3	4	5	2	6	7	9	158
5	9	7	138	138	13	6	2	148
2347	1	6	9	23578	23457	2458	4578	24578
247	8	9	14	1257	12457	1245	6	3
2347	257	35	6	123578	123457	9	4578	124578
237	257	35	34	6	8	2345	1	9
6	57	18	2	9	13457	3458	34578	4578
9	4	18	13	1357	1357	2358	3578	6

图 88

所谓交错数字是指3个格中各有2个允许数，这2个允许数都含有某3个数中的2个，而且这2个数相互交错。比如这3个数是1、2、3，那么3个格中的允许数分别为1、2，2、3和3、1。若此3个格是处在同一行、同一列或同一宫中，就可以化简。

怎么化简呢？以图88为例来加以说明。

看第四列，在此列中，（5，4）格数为1、4，（7，4）格数为3、4，（9，4）格数为1、3。1、4，3、4，1、3是交错数，这说明，不管这3个空格最后填入哪个数，反正1、3、4必各占其中1格。这样，在这一列的其他格中，就不可能再出现这3个数字了。因此（3，4）格数就应化简为8，接着（3，5）格数又可化简成1、3。（2，9）（3，9）格数也可相应化简（见图89）。

（4）利用每行、每列、每宫出现三个相同数的三个空格的化简

这种情况的化简法和上面相同，即此3格中既然数字相同，又位于同一行、同一列、同一宫，那么，在此行、此列、此宫中就不允许再出现此3个数字，于是可在其他格中把此3个数字化简掉。

18	6	2	7	4	9	1358	358	158
18	3	4	5	2	6	7	9	18
5	9	7	8	13	13	6	2	14
2347	1	6	9	23578	23457	2458	4578	24578
247	8	9	14	1257	12457	1245	6	3
2347	257	35	6	123578	123457	9	4578	124578
237	257	35	34	6	8	2345	1	9
6	57	18	2	9	13457	3458	34578	4578
9	4	18	13	1357	1357	2358	3578	6

图 89

(5) 利用每行、每列、每宫含有 4 个相同数及其变形的 4 个空格的化简

根据同样的道理，在每行、每列、每宫中的4个空格内，若含有4个相同的数，则在该行、该列、该宫中，就不能出现这4个数。这种情况的变形情况也可类此化简。

(6) 利用每行、每列、每宫的数个空格内有同一“异”数的化简

这个技巧和第一个技巧差不多，第一个技巧是每行、每列、每宫中只有1格有“异”数，它化简比较明显。这里讲的是每行、每列、每宫中有几个空格中有“异”数的情况。这时，也可以把与这几个空格相关的空格中的“异”数化简掉。

我们来看图90 的例子。在第七宫中，只有（7，1）（7，3）格中有“异”数3，所以这2 格中必有1 格为3。于是在第七行中的其他格子不能再有3，所以（7，4）格数应为4。

同理，在第七行中，只有（7，1）（7，2）格中有“异”数7，所以在第七宫中的其他格子不能再有7，这样（8，2）格数就应为5。

	6	2	7	4	9			
	3	4	5	2	6	7	9	
5	9	7	8			6	2	4
	1	6	9					
	8	9					6	3
			6			9		
237	257	35	34	6	8	2345	1	9
6	57	18	2	9				
9	4	18						6

图 90

（7）利用设定法来化简

当某格中出现 2 个允许数，在上述技巧都不适用时，可以用假设法来化简。就是先假设答案为其中某一个数，然后按上述技巧化简，如果化简结果出现违背规则的情况，则可确定答案为另一个数。

		2345	6	7		128		9
8	6	7	3	9		5	12	4
12	9	23	5	18	4	7	6	1238
5		34	8			9		
6	1348	9	7	2	13	4	5	
7	2	38	9	4	5			
		6		5	7	3		
3	7	2458	1	68	9	268	4	
		1						

图 91

		5	6	7		128		9
8	6	7	3	9		5	12	4
2	9	3	5	18	4	7	6	18
5		4	8			9		
6	13	9	7	2	13	4	5	8
7	2	8	9	4	5			
		6		5	7	3		
3	7	2	1	68	9	268	4	
		1						

图 92

以图91为例来说明。其中（3，1）格允许数为1、2，若假设为2，则得出（3，3）格数为3，（4，3）格数为4，（6，3）格数为8，（1，3）格数为5，（8，3）格数为2。同时又推导出（3，9）格数为1、8，（5，2）格数为1、3，从而推导出（5，9）格数为8（图92）。再来看第九列，因为（5，9）格数为8，所以（3，9）格数为1，（3，5）格数为8，（2，8）格数为2，从而得出（1，7）格数为8。同时来看第八行，得出（8，5）格数为6，（8，7）格数为8。你会发现，这时第七列有2个8（图93），这是不合理的。

		5	6	7		⑧		9
8	6	7	3	9		5	2	4
3	9	3	5	8	4	7	6	1
5		4	8			9		
6	13	9	7	2	13	4	5	8
7	2	8	9	4	5			
		6		5	7	3		
3	7	2	1	6	9	⑧	4	
		1						

图 93

4	5	3	6	7	1	2	8	9
8	6	7	3	9	2	5	1	4
1	9	2	5	8	4	7	6	3
5	3	4	8	1	6	9	2	7
6	1	9	7	2	3	4	5	8
7	2	8	9	4	5	1	3	6
2	8	6	4	5	7	3	9	1
3	7	5	1	6	9	8	4	2
9	4	1	2	3	8	6	7	5

图 94

所以，可以推翻原来的假设，改（3，1）格数为1，这样就出现了图94的结果。这个结果是符合数独规则的，是正确的结果。

当然选择哪个空格的允许数来假设也有技巧，有的时候设出来有合理答案，有的时候假设的也没有错，但却不能进一步找到答案，这要靠眼光和经验。

精选谜题

第 1 题

3	1			7			9	
					6	1	2	
	6	2		4	8	3	7	
							4	
		6	5					2
4			3	2		7		6
				8	5	2		7
	2						8	3
	8		2	9	3	4	5	1

第 2 题

	3	5	8		9			6
6		8					4	
	2	9	5	1	6		8	
		2	1	9	8			
			6	3	7	9		
	7		4	6	5	8	3	
	4					7		1
2			9		1	6	5	

第 3 题

	1		4			3	5	
		4			2			8
	8		3		9			
	4	7						
5	6			4			3	2
						1	9	
			8		3		1	
3			1			5		
		9	8			5		2

第 4 题

3		8					4	
	7		2		4		9	
					7	8		
	3		4					5
5		4		7		3		8
8					3		1	
	2	7						
	1		6		2		8	
	5					1		7

第 5 题

		2				1		
4	9			6			2	5
		7	2		1	4		
1			3		5			8
2			7		4			1
		8	4		9	5		
7	2			8			9	4
		6				8		

第 6 题

	5						9	1
			1		2			5
			7			4		8
		8			4	6		
5			9	1	7			2
	1		6			7		
9		3			1			
1			4		5			
	7	5					8	

第 7 题

7			3			1	6	
	8				9		7	4
		4		6				8
			7					9
	9					8		
8					6			
4				9		6		
5	6		1				4	
	1	7			4			3

第 8 题

	3		7		5		
5							6
2	4		8		1		7	9
	5		2		7		3	
	1		3		5		2	
7	3			4			9		1	2
8								7
	4			2			9		

第 9 题

		7			2			
			7	1			9	
2				4				6
3	4	6			8		1	
1								8
	8		1			2	4	7
8				6				5
	6			9	3			
			8			9		

第 10 题

						8		5	6
						3		4	
8	6	9	2				1	
		1	5		3			
			4				1	
					6		8	7
		9				6	5	3	2
		7		4				
	5	2		3				

第 11 题

			4	3	7			6
3	6							4
				8			2	
		6		5				9
5			6		2			7
1				8		6		
		7			8			
2							1	8
8			2	1	5			

第 12 题

1		5				4		7
	2	7					8	3
9				4		3		2
				3		9		
	7						2	
				7		6		
6				1		4		8
	5	1				2	4	
8		3				9		5

第 13 题

3	8	6	9					
		9		1				4
					6	2		
	3				1			7
	1		5		9		3	
8			7				1	
		3	6					
1				7		3		
					4	8	7	5

第 14 题

2			9					
4	8		5			9	7	
		3		8			5	
6		4						
	3	5				4	8	
						1		7
	4			3		8		
	1	2			5		6	3
				9				1

第 15 题

		1				2		
6	2	9				4	8	1
8								5
	3		7		9		4	
	1			5			2	
	8		2		3		9	
7								2
2	9	3				8	1	6
		8				7		

第 16 题

				9		3	5	
				5		3	6	8
		8						
	6		7	3		2	4	
	4						8	
	7	3		1	4		5	
						9		
9	1	7			8			
		2	3		7			

第 17 题

		4		1				
					4		5	8
1	9			8			2	
	5			6	8			7
2								3
6			2	9			1	
	1			4			3	2
5	6		7					
				3		9		

第 18 题

			5		4			
			7		8			6
		3		2		7	1	
	1				7	6		9
	3						4	
6		4	3				8	
	4	8		7		5		
5			8		1			
			2		9			

第 19 题

	9					4	8	
	6				5			9
8	7			9	3			
		3	6				2	7
7	2				8	6		
			3	1			7	2
6			2				9	
	1	7					5	

第 20 题

			3	2	9	7		
7						9		3
				8				1
3		5						2
2			7		5			8
8						4		6
5					8			
9		1						5
		7	5	1	6			

第 21 题

5	6	9			7		4	3
				8	6	1		
						6		7
7		1			9			
				8		3		2
9		4						
		8	5	2				
6	3		4			5	7	8

第 22 题

7				8				
9	5			4				2
4				2				
2		4			1			5
	1	7					2	9
5				6		7		8
					9			3
8				7			4	9
				5				1

第 23 题

					5			8
	4		3			5		9
					9	6	3	
2			9		1			
7	8						5	2
			7		2			1
	2	8	5					
6		3		7		8		
9			1					

第 24 题

					9			
3		5	2	6			7	
7				8	3	9	5	
	1					6		5
8		2					3	
	5	7	6	4				8
	8			9	5	2		4
			8					

第 25 题

		5	8	7				
	9	3		1				
		8			4		1	
	8				1	5		6
9		7	3				4	
	4		2			7		
					6		8	3
				8	9	6		4

第 26 题

		9				3	6	2
				4				
	3	1	8					
			2	8		5	1	
4	2						7	9
	1	5		7	9			
					6	3	8	
				5				
	8	4	9			2		

第 27 题

		3			7	8	2	
	9		5		2			
		6	9				3	4
9	3					7		
		2					5	8
5	1				6	3		
			1		5		7	
		6	4	8		1		

第 28 题

		1				3		
	2	7		4		6	5	
6	3						4	1
2			5		9			7
7			3		1			8
3	7						8	5
	4	2		1		7	6	
		5				9		

第 29 题

5		4			8	6	3	
	1						8	
			2		9			4
		9	8			7		
			3		7			
		8			4	1		
6			4		2			
		3					5	
	2	1	5				9	7

第 30 题

	2					1	3	7
		4					9	
7				1	2			5
3				9				
1		9				3		2
				5				6
4			9	6				1
	7					6		
8	6	2					7	

第 31 题

				7		6	5	8
							4	2
1		6	8					
	6		2				3	
9		1				5		4
	3				1		7	
					6	3		7
	4	5						
6	8	7		2				

第 32 题

		1		3				7
		5	7	4				
4		7						
		2			3	6		5
7			9		2			4
8		3	5			2		
						3		2
				1	8	7		
6				2		8		

第 33 题

	6	3				4	1	
8				9		3		5
7				6		1		9
	8	4				3	9	
	3	5				6	2	
4			7		9			3
5			8		2			6
	9	6				2	7	

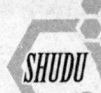

第 34 题

1		6			7	2	5	4
2			9	6				
3								7
4			6		1		8	
	5						9	
	6		5		4			1
7								2
				1	9			3
5	4	3	2			8		9

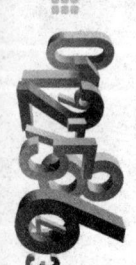

第 35 题

		2	9	3				
		4	6					
		3				6	1	5
				7			3	9
3			5	9	4			8
7	2			8				
4	8	5				3		
					5	7		
			4	2	8			

第 36 题

9			7	5	3			8
6		3					9	5
		8		1		2		
5	2			7			6	9
			5		6			
8	6			3			2	4
		9		6		8		
2		5				4		6
4			3	9	2			7

第 37 题

		9	6				8	7
		5						9
8				1	2			
3	1				9			
			7				6	4
			5	7				6
7						3		
4	2				6	1		

第 38 题

				2	6	3	7	
	3	8					6	
7			4					
5				9		8	4	
3				5		2		7
	6	9			1			3
					5			8
		2				9	5	
			5	7	9	4		

第 39 题

			9				7	
	3		7	2			4	
4	2				3			
				3	7			9
	1						5	
8			9	1				
			3				8	6
	7			5	4		9	
5				8				

不可思议的数独世界
BUKESIYI DE SHUDU SHIJIE

第 40 题

			9			1	3	
	1	2	3					4
						9	7	
7	8							1
			4	5	6			
6							5	3
	5	1						
2					7	8	9	
	9	7	5					

第 41 题

		7			1	5		
	9			2			3	
1			4					8
5						8		
	7			9			4	
		4						1
2					8			9
	1			4			7	
		6	9			3		

第 42 题

	1	5						
		9		2	5			
					7		2	1
		1	2					8
		7				2		
5					6	9		
4	2		5					
			8	1		7		
							4	5

第 43 题

5			1					2
		7		8		4		
	1				6		9	
		8						3
	9						6	
4						2		
	6		9				1	
		4		3		8		
3					2			5

第 44 题

			7			5		
		7			8		9	
	1			3				8
5				2			9	
	2			6			4	
		3				9		1
2				5			1	
		5		8			3	
		9			1			

第 45 题

				1			5	
3		5				4		
	4		3		2		7	
		6		8		1		
7			9		1			2
		9		4		6		
	1		6		5		8	
		8				2		9
	7			3				

第 46 题

		8	4			6		
	2			1			4	
	9			2				
		5	6		7	8		
				3			1	
	7			4			2	
		6			8	7		

第 47 题

	2				9			
4	3			7	8			
5				6				
		2					7	
	9	8				6	4	
	6					5		
				2				9
			5	3			2	7
			7				8	

第 48 题

	7				2			4
				3			8	
1				4			2	
	3					5		
4			5	8	7			3
		6					8	
	5			6				8
		3			4			
6			1				4	

第 49 题

			5		8			
			7		6			
		2				3		
		5		4		7		
	8			6			9	
	9		3		2		4	
3			9		7			2
5		4				9		8
		9				6		

第 50 题

	4			3				
5					1			2
9		2	7			1		8
		4			9			
	6						2	
				6		5		
8		7			2	6		4
2			9					7
				1			9	

第 51 题

			7			6		
	1			9			2	
				8			4	
8			2					
	3	7		5				
						2	9	
9					3			8
	5	6			4			7
						5	6	

第 52 题

	4			6	7			
3				5			8	
2								9
		6				9		2
		8				4		
7				3		6		
5								7
		2				1		6
				8	9		3	

第 53 题

	4				1			
5	6			3	2			7
			4				9	8
		6	5			1		
	7				3	2		
9	8			4				3
			6	5			7	2
		7				9		
	9	8			7	5		

第 54 题

7	5						3	2
9				8	4			
3					2			
		2	4				5	
1				5				8
		9				6	4	
			9					1
			2	3				6
8	3						7	9

第 55 题

				5	6	3	7	
				7	8	9	6	
				8	9	6	1	
	3	4	5	6				
	4	5	3	2				
	2	3	8	1				

第 56 题

		4		9			2	
2			1			7		
	9				6			3
8							6	
		3				4		
	7							1
1			8				9	
		8			3			6
	4			2		1		

第 57 题

	1		7	4			5	
2					1			
		3						7
7				4		1		
	8			5			2	
		9			6			3
8						7		
				2				8
	2			3	5		9	

第 58 题

	3	4					1	
				6			2	
1					9			
5			1			7		
	4			2			5	
		8			6			9
				4				8
	2			8				
	1					6	3	

第 59 题

	8					6		
7			4					
		5		3			9	
				2		4		1
	4						3	
8		7			6			
	6			5		7		
					8			9
		3				5		

第 60 题

	2					3	4	5	
4									9
				2			7		8
		1			6				7
				5					
7			4			9			
6		3				8			
5								2	
	7	8	9				1		

第 61 题

		1		5				
	2				6			3
	3				7		4	
		4		8			9	
9								2
	6			3		7		
	9		5				1	
3			2				8	
				1		6		

第 62 题

						1	2	
		7			9	1		
5	9			3			4	
9	2							
		8		1		9		
							6	7
	8			4			3	6
		2	7			8		
		6	5					

第 63 题

		7	4			5		
					9	1		
	3		2					
		9					2	4
				8		5		
1	8						9	
					6		3	
		4	7					
		5			1	6		

第 64 题

8			2			1		3
		7					2	
	9				8			4
1			7				8	
				1		2		
	3				9			2
4			8				7	
	1					9		
6		9			3			8

第 65 题

				2				
				6		9		
		9		8		4		
	1		7		2		6	
6		2				5		8
	5		8		1		7	
		4		9		3		
				1		5		
				3				

第 66 题

		3			7		9	
	2		4			5		
1				5				
			6				5	
9		7				2		4
	8				3			
				9				1
		2			5		7	
	6		7			9		

第 67 题

		4			7	2		
	9		3				8	
2		5		8			4	
	7		1			5		
		6				3		
9					8			
1			6	2				3
	4	8						
						9		

第 68 题

8				2			5	1
	3				6			8
						4		
6		2			9			
	4						2	
				8		3		6
		8						
1				3			4	
2	6				4			5

第 69 题

			5		3		7	
					8		4	
	6	3					2	
				6	5			
2	1						8	6
			2	4				
	8					2	9	
	7		3					
	9		4		7			

第 70 题

	8	1	4	2				
					8			
			5			3		
		6		7			1	
3				4			8	
2				3		9		
		4			2			
				3				
				9	7	2	4	

第 71 题

				1		7	8	
3				2				
4		6	7			3		
						9		
1	2						6	5
		9						
		3			8	4		2
				9				6
	9	7		5				

第 72 题

	5	7	3					
			2		1	8	3	
		3					1	
2						4		
			1		8			
		1					7	
	7					3		
	9	4	6		5			
					3	2	6	

第 73 题

	2					7		
	4						5	
		1					9	
2			8		9			3
	7			1			6	
		5				2		
		7	5		4	3		
	3			6			7	
1								4

第 74 题

4		7						3
		5		2				
					9		6	4
		6	9		3			
	8						9	
				7		2	4	
9	4		3					
				6		8		
5						2		7

第 75 题

	9			4				
	8			5			1	9
		7	6			2		
						7		
9	1						8	5
		4						
		2			3	4		
8	7			2			5	
				1			6	

第 76 题

				4		3		
	6				5		7	
7			3					8
		8		1			5	
3	1			9			2	4
	4			7		6		
1					8			2
	9		7				4	
		5		3				

第 77 题

		7				8		
	3		1		2		5	
5			3		4			1
4								2
		8	7		5	1		
	1			5			2	
		6				9		
			2	6	1			

第 78 题

1						9		
2	3				4		6	8
		4		7	5			
		9	2					
						6	5	
			7	8		2		
	6	5		9			4	7
		3						1

第 79 题

			2					
	4		7	5		9	1	
	5	6				3		
							6	2
	9						8	
1	7							
		9				5	4	
	6	4		2	3		7	
				8				

第 80 题

				5			8	
	2	3			6	7		
1			4					
						4	1	
3			8		2			9
	5	9						
					7			3
		6	1			8	5	
	8			6				

第 81 题

					8			
	4	9	7				1	
			6				5	
3			1		2	6	9	
	1	5	8		9			4
	2				5			
	7				1	2	8	
			4					

第 82 题

		8				7		
		7	1	4				
2			3				8	5
						2	3	
	6			9			5	
	9	2						
8	4				7			6
				2	3	9		
		5				1		

第83题

			2				7	
		1			3	4		
		9		7				8
	4					9	8	
			3		6			
	7	8					5	
6				9		3		
		7	4			5		
	2				1			

SHUDU
不可思议的数独世界 BUKESIYI DE SHUDU SHIJIE

第 84 题

						1	8	
					2	5		
				6	4			
			2	1				
		4	3					5
	6	2					7	9
3	7					4	6	
9					5	8		
				7	3			

第 85 题

					3	5		
				6			9	
		7	2					4
		4	9					8
	6						3	
5					2	7		
3					5	9		
	4			3				
			8	6				

第 86 题

3			4					
	6				7	8	1	
					6		2	
7					5	4	3	
	8	6	3					9
	4		5					
	2	5	9				8	
				8				7

第 87 题

			5				2	
		7						
		9			6	8		
2			3	8			1	
	4							3
6			7	4			5	
		8			5	7		
		6						
			1				6	

第 88 题

			1			6		
		7		8			2	
	5		2					7
1					6		8	
		9		2		3		
	8		9					1
6					9		5	
	7			3		4		
		1			2			

第 89 题

9	3				6	4		2
		2	9			5	1	
6						1	2	
	2			4			3	
		1	7					9
	1	9				3	4	
8			6	9			5	3

第 90 题

		7	8					
		4	3					
							1	9
			1	2	3		5	4
				4		6		
4	6		7	8	9			
2	9							
						2	3	
						1	4	

第 91 题

		7	8			5		
2							8	
				4			6	
4			6		5			
	6						1	
			3		1			8
	4			7				
	5							9
		2			6	7		

第 92 题

	1	3				8	5	
4			1		8			2
8				3				4
	6						9	
		8		1		2		
	5						4	
5				2				6
6			9		3			5
	3	4				1	7	

第 93 题

				5	4			
			9			8		
		1					2	
		6			1			5
9		7		2		3		6
1				5		4		
	4					2		
		2			6			
			7	9				

第 94 题

		6			5	9		
	3			7		4		
4				9				1
		3				7		
	4						1	
2								6
8				4				9
	1				3		8	
		7			6	2		

第 95 题

	4					7		
3			5	1			8	
		8			3			2
	5		4			9		
	7						1	
		1			7		6	
9			3			2		
	1			8	4			5
		6					7	

第 96 题

9								2
		5	1					4
	6	3				7		
	1				5	2		
			4		9			
		7	2				8	
		2				5	1	
8					3	9		
4								6

第 97 题

						6		
	1				6			
5		2		1				3
		2	7				1	
		1				3		
	8				4		9	
9				2		4		7
			5				2	
		5						

第 98 题

			2	8				4
						7	5	
6		5					3	
3					6		8	
				1				
	4		9					2
	2					4		6
		8	6					
7					5	3		

第 99 题

8	4			1		9		
					2			
					3		7	6
	3	1			4			
				5				
			6			5	4	
2	9		7					
			8					
		7		9			6	5

第 100 题

	2						9	
	8						5	
		6	2		8	4		
5				7				4
		3				6		
7				1				3
		7	8		6	2		
	9						7	
	3						6	

第 101 题

		3	9	2				
	8				4		2	
		7				4		5
	9							7
2								3
6							1	
3		4				7		
	5		6				9	
				8	2	6		

第 102 题

		3				1		
	5			7			2	
			4		3			6
	8						9	4
4			5		8			7
2		1						8
7			3		6			
	2			1			3	
		6				5		

第 103 题

5			2			1		
		4			6		3	
	2			5				9
4							7	
		7				8		
	3							6
9				1			4	
	7		8			5		
		6			2			7

第 104 题

			6		7			
	4					5		
	5		3		2		1	
1		7		3		8		4
			1		4			
4		3		8		1		9
	1		7		5		6	
		5				7		
			4		1			

第 105 题

	4			6		8		
		2	9					6
5					4		3	
		6					9	
9				1				5
	3					7		
	5		8					3
2					9	4		
		4		5			6	

第 106 题

					4	5		
	6	2					7	
	8			6				3
	3				7			4
		7		3		9		
1				5			6	
2				4			8	
	9				1	2		
			5	3				

第 107 题

5								4
			3		6			
		9		7		2		
	4				2		6	
		1		5		9		
	3		8				7	
		7		9		5		
			4		3			
2								6

第 108 题

				4			1	
9		3				2	5	
	7			5			8	
	4							
2		5				1		6
							3	
	8			7			5	
		1	8			2		4
	6			1				

答案

精选谜题

1

3	1	4	7	5	2	9	6	8
8	7	5	9	3	6	1	2	4
9	6	2	1	4	8	3	7	5
2	3	1	8	6	7	5	4	9
7	9	6	5	1	4	8	3	2
4	5	8	3	2	9	7	1	6
1	4	3	6	8	5	2	9	7
5	2	9	4	7	1	6	8	3
6	8	7	2	9	3	4	5	1

2

7	3	5	8	4	9	2	1	6
6	1	8	7	2	3	5	4	9
4	2	9	5	1	6	3	8	7
3	6	2	1	9	8	4	7	5
8	9	7	2	5	4	1	6	3
1	5	4	6	3	7	9	2	8
9	7	1	4	6	5	8	3	2
5	4	6	3	8	2	7	9	1
2	8	3	9	7	1	6	5	4

3

2	1	9	4	8	7	3	5	6
6	3	4	5	1	2	9	7	8
7	8	5	3	6	9	2	4	1
9	4	7	2	3	1	8	6	5
5	6	1	9	4	8	7	3	2
8	2	3	7	5	6	1	9	4
4	5	2	8	9	3	6	1	7
3	7	6	1	2	4	5	8	9
1	9	8	6	7	5	4	2	3

4

3	9	8	1	5	6	7	4	2
1	7	5	2	8	4	6	9	3
2	4	6	3	9	7	8	5	1
9	3	1	4	6	8	2	7	5
5	2	4	9	7	1	3	6	8
8	6	7	5	2	3	4	1	9
4	8	2	7	1	5	9	3	6
7	1	9	6	3	2	5	8	4
6	5	3	8	4	9	1	2	7

5

8	5	2	9	4	7	1	3	6
4	9	1	8	6	3	7	2	5
6	3	7	2	5	1	4	8	9
1	6	4	3	2	5	9	7	8
5	7	9	6	1	8	2	4	3
2	8	3	7	9	4	6	5	1
3	1	8	4	7	9	5	6	2
7	2	5	1	8	6	3	9	4
9	4	6	5	3	2	8	1	7

6

6	5	2	3	4	8	9	1	7
8	4	7	1	9	2	3	6	5
3	1	9	7	5	6	4	2	8
7	3	8	5	2	4	6	9	1
5	6	4	9	1	7	8	3	2
2	9	1	6	8	3	7	5	4
9	2	3	8	7	1	5	4	6
1	8	6	4	3	5	2	7	9
4	7	5	2	6	9	1	8	3

7

7	9	2	3	4	8	1	6	5
3	8	6	5	1	9	2	7	4
1	5	4	2	6	7	3	9	8
6	3	1	7	8	2	4	5	9
2	7	9	4	5	1	8	3	6
8	4	5	9	3	6	7	2	1
4	2	3	8	9	5	6	1	7
5	6	8	1	7	3	9	4	2
9	1	7	6	2	4	5	8	3

8

9	8	3	6	7	2	5	4	1
5	7	1	9	3	4	2	8	6
2	4	6	8	5	1	3	7	9
6	5	9	2	8	7	1	3	4
3	2	8	1	4	6	7	9	5
4	1	7	3	9	5	6	2	8
7	3	5	4	6	9	8	1	2
8	9	2	5	1	3	4	6	7
1	6	4	7	2	8	9	5	3

9

4	9	7	6	8	2	1	5	3
6	3	8	7	1	5	4	9	2
2	5	1	3	4	9	7	8	6
3	4	6	2	7	8	5	1	9
1	7	2	9	5	4	6	3	8
9	8	5	1	3	6	2	4	7
8	2	9	4	6	1	3	7	5
7	6	4	5	9	3	8	2	1
5	1	3	8	2	7	9	6	4

10

1	4	3	9	7	8	2	5	6
2	5	7	6	1	3	9	4	8
8	6	9	2	4	5	3	1	7
6	1	5	8	3	7	4	2	9
7	8	4	5	2	9	1	6	3
9	3	2	1	6	4	8	7	5
4	9	1	7	8	6	5	3	2
3	7	8	4	5	2	6	9	1
5	2	6	3	9	1	7	8	4

11

9	2	1	4	3	7	8	5	6
3	6	8	5	2	1	9	7	4
4	7	5	8	6	9	2	3	1
7	8	6	1	5	4	3	2	9
5	3	4	6	9	2	1	8	7
1	9	2	7	8	3	6	4	5
6	1	7	3	4	8	5	9	2
2	5	3	9	7	6	4	1	8
8	4	9	2	1	5	7	6	3

12

1	3	5	8	9	2	4	6	7
4	2	7	6	1	5	8	3	9
9	8	6	4	7	3	1	5	2
5	6	4	3	2	9	7	8	1
3	7	9	5	8	1	6	2	4
2	1	8	7	4	6	5	9	3
6	9	2	1	5	4	3	7	8
7	5	1	9	3	8	2	4	6
8	4	3	2	6	7	9	1	5

13

3	8	6	9	4	2	7	5	1
5	2	9	3	1	7	6	8	4
4	7	1	8	5	6	2	9	3
6	3	5	4	8	1	9	2	7
2	1	7	5	6	9	4	3	8
8	9	4	7	2	3	5	1	6
7	5	3	6	9	8	1	4	2
1	4	8	2	7	5	3	6	9
9	6	2	1	3	4	8	7	5

14

2	5	6	9	7	4	3	1	8
4	8	1	5	6	3	9	7	2
7	9	3	1	8	2	6	5	4
6	7	4	3	1	8	2	9	5
1	3	5	2	9	7	4	8	6
8	2	9	4	5	6	1	3	7
5	4	7	6	3	1	8	2	9
9	1	2	8	4	5	7	6	3
3	6	8	7	2	9	5	4	1

15

3	5	1	6	4	8	2	7	9
6	2	9	5	3	7	4	8	1
8	7	4	9	2	1	3	6	5
5	3	2	7	6	9	1	4	8
9	1	7	8	5	4	6	2	3
4	8	6	2	1	3	5	9	7
7	4	5	1	8	6	9	3	2
2	9	3	4	7	5	8	1	6
1	6	8	3	9	2	7	5	4

16

6	2	1	9	8	3	5	7	4
7	9	4	5	2	1	3	6	8
5	3	8	4	7	6	1	9	2
8	6	5	7	3	9	2	4	1
1	4	9	6	5	2	7	8	3
2	7	3	8	1	4	6	5	9
3	8	6	1	4	5	9	2	7
9	1	7	2	6	8	4	3	5
4	5	2	3	9	7	8	1	6

17

7	8	4	5	1	2	3	6	9
3	2	6	9	7	4	1	5	8
1	9	5	6	8	3	7	2	4
4	5	1	3	6	8	2	9	7
2	7	9	4	5	1	6	8	3
6	3	8	2	9	7	4	1	5
9	1	7	8	4	6	5	3	2
5	6	3	7	2	9	8	4	1
8	4	2	1	3	5	9	7	6

18

7	8	6	5	1	4	3	9	2
1	9	2	7	3	8	4	5	6
4	5	3	9	2	6	7	1	8
2	1	5	4	8	7	6	3	9
8	3	9	1	6	5	2	4	7
6	7	4	3	9	2	1	8	5
9	4	8	6	7	3	5	2	1
5	2	7	8	4	1	9	6	3
3	6	1	2	5	9	8	7	4

19

5	9	2	7	6	1	4	8	3
3	6	4	8	2	5	7	1	9
8	7	1	4	9	3	2	6	5
1	8	3	6	4	9	5	2	7
4	5	6	1	7	2	9	3	8
7	2	9	5	3	8	6	4	1
9	4	5	3	1	6	8	7	2
6	3	8	2	5	7	1	9	4
2	1	7	9	8	4	3	5	6

20

1	5	8	3	2	9	7	6	4
7	4	2	6	5	1	9	8	3
6	9	3	8	4	7	5	2	1
3	6	5	9	8	4	1	7	2
2	1	4	7	6	5	3	9	8
8	7	9	1	3	2	4	5	6
5	3	6	4	9	8	2	1	7
9	8	1	2	7	3	6	4	5
4	2	7	5	1	6	8	3	9

21

5	6	9	2	1	7	8	4	3
2	4	7	3	8	6	1	5	9
8	1	3	9	5	4	6	2	7
7	2	1	6	3	9	4	8	5
3	8	5	1	4	2	7	9	6
4	9	6	8	7	5	3	1	2
9	5	4	7	6	8	2	3	1
1	7	8	5	2	3	9	6	4
6	3	2	4	9	1	5	7	8

SHUDU

答案

DAAN

22

7	2	1	9	8	5	4	3	6
9	5	6	3	4	7	1	8	2
4	3	8	2	1	6	9	5	7
2	8	4	7	9	1	3	6	5
6	1	7	5	3	8	2	9	4
5	9	3	6	2	4	7	1	8
1	7	5	4	6	9	8	2	3
8	6	2	1	7	3	5	4	9
3	4	9	8	5	2	6	7	1

23

3	9	7	6	2	5	4	1	8
1	6	4	8	3	7	5	2	9
8	5	2	4	1	9	6	3	7
2	3	6	9	5	1	7	8	4
7	8	1	3	4	6	9	5	2
5	4	9	7	8	2	3	6	1
4	2	8	5	9	3	1	7	6
6	1	3	2	7	4	8	9	5
9	7	5	1	6	8	2	4	3

24

1	6	8	5	7	9	4	2	3
3	9	5	2	6	4	8	7	1
7	2	4	1	8	3	9	5	6
4	1	9	3	2	7	6	8	5
5	3	6	9	1	8	7	4	2
8	7	2	4	5	6	1	3	9
2	5	7	6	4	1	3	9	8
6	8	3	7	9	5	2	1	4
9	4	1	8	3	2	5	6	7

25

1	2	5	8	7	3	4	6	9
4	9	3	5	1	6	2	8	7
6	7	8	9	2	4	3	1	5
3	8	4	7	9	1	5	2	6
2	5	1	6	4	8	9	7	3
9	6	7	3	5	2	1	4	8
8	4	6	2	3	5	7	9	1
5	1	9	4	6	7	8	3	2
7	3	2	1	8	9	6	5	4

26

5	4	9	7	1	3	6	2	8
2	7	8	6	4	5	9	3	1
6	3	1	8	9	2	7	4	5
7	9	6	2	8	4	5	1	3
4	2	3	5	6	1	8	7	9
8	1	5	3	7	9	4	6	2
9	5	7	1	2	6	3	8	4
3	6	2	4	5	8	1	9	7
1	8	4	9	3	7	2	5	6

27

1	5	3	6	4	7	8	2	9
4	9	8	5	3	2	6	1	7
7	2	6	9	8	1	5	3	4
9	3	5	2	6	8	7	4	1
8	4	1	7	5	9	2	6	3
6	7	2	3	1	4	9	5	8
5	1	7	4	9	6	3	8	2
3	8	9	1	2	5	4	7	6
2	6	4	8	7	3	1	9	5

答案 DAAN

28

4	5	1	9	8	6	3	7	2
8	2	7	1	4	3	6	5	9
6	3	9	7	5	2	8	4	1
2	1	8	5	6	9	4	3	7
5	9	3	4	7	8	2	1	6
7	6	4	3	2	1	5	9	8
3	7	6	2	9	4	1	8	5
9	4	2	8	1	5	7	6	3
1	8	5	6	3	7	9	2	4

29

5	9	4	1	7	8	6	3	2
3	1	2	6	4	5	8	7	9
7	8	6	2	3	9	5	1	4
4	3	9	8	1	6	7	2	5
1	6	5	3	2	7	4	9	8
2	7	8	9	5	4	1	6	3
6	5	7	4	9	2	3	8	1
9	4	3	7	8	1	2	5	6
8	2	1	5	6	3	9	4	7

30

5	2	8	6	4	9	1	3	7
6	1	4	3	7	5	2	9	8
7	9	3	8	1	2	4	6	5
3	5	6	2	9	1	7	8	4
1	4	9	7	8	6	3	5	2
2	8	7	4	5	3	9	1	6
4	3	5	9	6	7	8	2	1
9	7	1	5	2	8	6	4	3
8	6	2	1	3	4	5	7	9

31

4	9	2	1	7	3	6	5	8
8	7	3	9	6	5	4	2	1
1	5	6	8	4	2	7	9	3
7	6	4	2	5	8	1	3	9
9	2	1	6	3	7	5	8	4
5	3	8	4	9	1	2	7	6
2	1	9	5	8	6	3	4	7
3	4	5	7	1	9	8	6	2
6	8	7	3	2	4	9	1	5

32

2	9	1	8	3	5	4	6	7
3	6	5	7	4	1	9	2	8
4	8	7	2	9	6	5	1	3
9	4	2	1	7	3	6	8	5
7	5	6	9	8	2	1	3	4
8	1	3	5	6	4	2	7	9
1	7	8	6	5	9	3	4	2
5	2	4	3	1	8	7	9	6
6	3	9	4	2	7	8	5	1

33

9	6	3	5	8	7	4	1	2
8	4	1	9	2	3	7	6	5
7	5	2	6	4	1	8	3	9
6	8	4	2	7	5	3	9	1
2	7	9	3	1	6	5	8	4
1	3	5	4	9	8	6	2	7
4	2	8	7	6	9	1	5	3
5	1	7	8	3	2	9	4	6
3	9	6	1	5	4	2	7	8

34

1	9	6	8	3	7	2	5	4
2	7	4	9	6	5	1	3	8
3	8	5	1	4	2	9	6	7
4	3	2	6	9	1	7	8	5
8	5	1	7	2	3	4	9	6
9	6	7	5	8	4	3	2	1
7	1	9	3	5	8	6	4	2
6	2	8	4	1	9	5	7	3
5	4	3	2	7	6	8	1	9

35

6	5	2	9	3	1	4	8	7
1	7	4	6	5	8	9	2	3
8	9	3	4	2	7	6	1	5
5	4	8	2	7	6	1	3	9
3	1	6	5	9	4	2	7	8
7	2	9	1	8	3	5	4	6
4	8	5	7	1	9	3	6	2
2	3	1	8	6	5	7	9	4
9	6	7	3	4	2	8	5	1

36

9	4	2	7	5	3	6	1	8
6	1	3	2	4	8	9	7	5
7	5	8	6	1	9	2	4	3
5	2	1	8	7	4	3	6	9
3	9	4	5	2	6	7	8	1
8	6	7	9	3	1	5	2	4
1	7	9	4	6	5	8	3	2
2	3	5	1	8	7	4	9	6
4	8	6	3	9	2	1	5	7

37

1	3	9	6	4	5	2	8	7
2	4	5	3	8	7	6	1	9
8	6	7	9	1	2	5	4	3
3	1	8	4	6	9	7	5	2
6	7	4	2	5	8	9	3	1
5	9	2	7	3	1	8	6	4
9	8	1	5	7	3	4	2	6
7	5	6	1	2	4	3	9	8
4	2	3	8	9	6	1	7	5

38

1	9	4	2	6	3	7	8	5
2	3	8	1	5	7	4	6	9
7	5	6	4	8	9	3	1	2
5	7	2	9	3	6	8	4	1
3	8	1	5	4	2	6	9	7
4	6	9	8	7	1	5	2	3
9	4	3	6	2	5	1	7	8
6	2	7	3	1	8	9	5	4
8	1	5	7	9	4	2	3	6

39

6	8	5	4	9	1	3	2	7
9	3	1	7	2	8	6	4	5
4	2	7	5	6	3	9	1	8
2	5	4	8	3	7	1	6	9
7	1	9	2	4	6	8	5	3
8	6	3	9	1	5	4	7	2
1	4	2	3	7	9	5	8	6
3	7	8	6	5	4	2	9	1
5	9	6	1	8	2	7	3	4

40

5	7	6	9	4	2	1	3	8
9	1	2	3	7	8	5	6	4
4	3	8	6	1	5	9	7	2
7	8	5	2	9	3	6	4	1
1	2	3	4	5	6	7	8	9
6	4	9	7	8	1	2	5	3
3	5	1	8	6	9	4	2	7
2	6	4	1	3	7	8	9	5
8	9	7	5	2	4	3	1	6

41

4	8	7	3	6	1	5	9	2
6	9	5	8	2	7	1	3	4
1	3	2	4	5	9	7	6	8
5	6	9	1	3	4	8	2	7
8	7	1	2	9	5	6	4	3
3	2	4	7	8	6	9	5	1
2	5	3	6	7	8	4	1	9
9	1	8	5	4	3	2	7	6
7	4	6	9	1	2	3	8	5

42

2	1	5	6	4	8	3	9	7
7	3	9	1	2	5	8	4	6
8	6	4	3	9	7	5	2	1
3	4	1	2	5	9	6	7	8
6	9	7	4	8	1	2	3	5
5	8	2	7	3	6	9	1	4
4	2	6	5	7	3	1	8	9
9	5	3	8	1	4	7	6	2
1	7	8	9	6	2	4	5	3

43

5	4	9	1	7	3	6	8	2
6	2	7	5	8	9	4	3	1
8	1	3	2	4	6	5	9	7
2	7	8	6	9	5	1	4	3
1	9	5	3	2	4	7	6	8
4	3	6	8	1	7	2	5	9
7	6	2	9	5	8	3	1	4
9	5	4	7	3	1	8	2	6
3	8	1	4	6	2	9	7	5

44

8	9	2	7	1	6	5	3	4
3	6	7	5	4	8	1	9	2
4	1	5	9	3	2	6	7	8
5	4	1	2	7	3	9	8	6
9	2	8	1	6	5	7	4	3
6	7	3	4	8	9	2	5	1
2	3	4	6	5	7	8	1	9
1	5	6	8	9	4	3	2	7
7	8	9	3	2	1	4	6	5

45

2	9	7	4	1	6	3	5	8
3	6	5	7	9	8	4	2	1
8	4	1	3	5	2	9	7	6
4	2	6	5	8	3	1	9	7
7	5	3	9	6	1	8	4	2
1	8	9	2	4	7	6	3	5
9	1	4	6	2	5	7	8	3
5	3	8	1	7	4	2	6	9
6	7	2	8	3	9	5	1	4

46

4	6	1	3	8	5	2	7	9
9	3	8	4	7	2	6	5	1
5	2	7	9	1	6	3	4	8
7	9	3	8	2	1	4	6	5
1	4	5	6	9	7	8	3	2
6	8	2	5	3	4	9	1	7
8	7	9	1	4	3	5	2	6
3	1	6	2	5	8	7	9	4
2	5	4	7	6	9	1	8	3

47

8	2	6	4	5	9	7	3	1
4	3	9	1	7	8	2	6	5
5	1	7	3	6	2	8	9	4
1	5	2	6	4	3	9	7	8
7	9	8	2	1	5	6	4	3
3	6	4	9	8	7	5	1	2
6	7	3	8	2	4	1	5	9
9	8	1	5	3	6	4	2	7
2	4	5	7	9	1	3	8	6

48

3	7	8	6	5	2	9	1	4
2	4	5	3	9	1	8	7	6
1	6	9	7	4	8	3	2	5
8	3	7	4	2	6	5	9	1
4	9	1	5	8	7	2	6	3
5	2	6	9	1	3	4	8	7
7	5	4	2	6	9	1	3	8
9	1	3	8	7	4	6	5	2
6	8	2	1	3	5	7	4	9

49

7	4	3	5	2	8	1	6	9
9	1	8	7	3	6	5	2	4
6	5	2	4	9	1	3	8	7
2	3	5	8	4	9	7	1	6
4	8	7	1	6	5	2	9	3
1	9	6	3	7	2	8	4	5
3	6	1	9	8	7	4	5	2
5	2	4	6	1	3	9	7	8
8	7	9	2	5	4	6	3	1

50

6	4	1	2	3	8	9	7	5
5	7	8	4	9	1	3	6	2
9	3	2	7	6	5	1	4	8
1	8	4	5	2	9	7	3	6
7	6	5	1	8	3	4	2	9
3	2	9	6	7	4	5	8	1
8	9	7	3	5	2	6	1	4
2	1	3	9	4	6	8	5	7
4	5	6	8	1	7	2	9	3

51

4	9	8	7	3	2	6	5	1
7	1	5	4	9	6	8	2	3
6	2	3	1	8	5	7	4	9
8	6	9	2	4	1	3	7	5
2	3	7	6	5	9	1	8	4
5	4	1	3	7	8	2	9	6
9	7	2	5	6	3	4	1	8
1	5	6	8	2	4	9	3	7
3	8	4	9	1	7	5	6	2

52

8	4	5	9	6	7	1	2	3
3	6	9	5	1	2	7	8	4
2	1	7	4	3	8	5	6	9
4	5	6	1	8	9	3	7	2
1	3	8	2	7	6	4	9	5
7	9	2	3	5	4	6	1	8
5	8	1	6	2	3	9	4	7
9	2	3	7	4	1	8	5	6
6	7	4	8	9	5	2	3	1

53

8	4	3	7	9	1	6	2	5
5	6	9	8	3	2	4	1	7
7	1	2	4	6	5	3	9	8
3	2	6	5	7	8	1	4	9
4	7	5	9	1	3	2	8	6
9	8	1	2	4	6	7	5	3
1	3	4	6	5	9	8	7	2
2	5	7	3	8	4	9	6	1
6	9	8	1	2	7	5	3	4

54

7	5	4	6	9	1	8	3	2
9	2	1	3	8	4	7	6	5
3	6	8	5	7	2	1	9	4
6	8	2	4	1	3	9	5	7
1	4	3	7	5	9	6	2	8
5	9	7	8	2	6	4	1	3
2	7	5	9	6	8	3	4	1
4	1	9	2	3	7	5	8	6
8	3	6	1	4	5	2	7	9

55

2	6	7	9	4	3	8	5	1
4	8	9	1	5	6	3	7	2
3	5	1	2	7	8	9	6	4
5	7	2	4	8	9	6	1	3
1	9	6	7	3	2	5	4	8
8	3	4	5	6	1	7	2	9
9	4	5	3	2	7	1	8	6
6	2	3	8	1	5	4	9	7
7	1	8	6	9	4	2	3	5

56

3	1	4	7	9	8	6	2	5
2	8	6	1	3	5	7	4	9
7	9	5	2	4	6	8	1	3
8	2	1	3	5	4	9	6	7
5	6	3	9	7	1	4	8	2
4	7	9	6	8	2	3	5	1
1	3	2	8	6	7	5	9	4
9	5	8	4	1	3	2	7	6
6	4	7	5	2	9	1	3	8

57

9	1	8	7	4	3	2	5	6
2	7	4	5	6	1	3	8	9
6	5	3	9	8	2	4	1	7
7	3	2	4	9	8	1	6	5
1	8	6	3	5	7	9	2	4
5	4	9	1	2	6	8	7	3
8	9	5	6	1	4	7	3	2
3	6	1	2	7	9	5	4	8
4	2	7	8	3	5	6	9	1

58

6	3	4	2	5	8	9	1	7
7	8	9	3	6	1	4	2	5
1	5	2	7	4	9	8	6	3
5	6	3	1	9	4	7	8	2
9	4	1	8	2	7	3	5	6
2	7	8	5	3	6	1	4	9
3	9	6	4	1	5	2	7	8
4	2	7	6	8	3	5	9	1
8	1	5	9	7	2	6	3	4

59

3	8	4	5	9	2	6	1	7
7	2	9	4	6	1	5	8	3
6	1	5	8	3	7	2	9	4
5	9	6	2	8	3	4	7	1
2	4	1	9	7	5	8	3	6
8	3	7	1	4	6	9	2	5
1	6	8	3	5	9	7	4	2
4	5	2	7	1	8	3	6	9
9	7	3	6	2	4	1	5	8

60

8	2	9	6	7	3	4	5	1
4	6	7	5	8	1	3	2	9
1	3	5	2	9	4	7	6	8
9	5	1	8	3	6	2	4	7
3	4	2	7	5	9	1	8	6
7	8	6	4	1	2	9	3	5
6	9	3	1	2	8	5	7	4
5	1	4	3	6	7	8	9	2
2	7	8	9	4	5	6	1	3

61

7	8	1	3	5	4	9	2	6
4	2	5	8	9	6	1	7	3
6	3	9	1	2	7	5	4	8
2	7	4	6	8	5	3	9	1
9	5	3	4	7	1	8	6	2
1	6	8	9	3	2	7	5	4
8	9	6	5	4	3	2	1	7
3	1	7	2	6	9	4	8	5
5	4	2	7	1	8	6	3	9

62

8	6	3	4	5	1	2	7	9
2	4	7	8	6	9	1	5	3
5	9	1	2	3	7	6	4	8
9	2	4	6	7	5	3	8	1
6	7	8	3	1	4	9	2	5
1	3	5	9	2	8	4	6	7
7	8	9	1	4	2	5	3	6
3	5	2	7	9	6	8	1	4
4	1	6	5	8	3	7	9	2

63

9	2	7	4	1	8	5	6	3
4	5	8	3	6	9	1	7	2
6	3	1	2	5	7	4	8	9
5	9	6	1	7	3	8	2	4
7	4	2	8	9	5	3	1	6
1	8	3	6	2	4	7	9	5
8	1	9	5	4	6	2	3	7
3	6	4	7	8	2	9	5	1
2	7	5	9	3	1	6	4	8

64

8	5	6	2	7	4	1	9	3
3	4	7	9	6	1	8	2	5
2	9	1	3	5	8	7	6	4
1	6	2	7	4	5	3	8	9
9	8	4	1	3	2	6	5	7
7	3	5	6	8	9	4	1	2
4	2	3	8	9	6	5	7	1
5	1	8	4	2	7	9	3	6
6	7	9	5	1	3	2	4	8

65

8	6	7	3	2	4	1	9	5
3	4	5	6	1	9	7	8	2
1	2	9	5	8	7	4	3	6
4	1	8	7	5	2	9	6	3
6	7	2	9	4	3	5	1	8
9	5	3	8	6	1	2	7	4
7	8	4	2	9	6	3	5	1
2	3	6	1	7	5	8	4	9
5	9	1	4	3	8	6	2	7

66

4	5	3	8	6	7	1	9	2
6	2	9	4	3	1	5	8	7
1	7	8	9	5	2	6	4	3
2	1	4	6	7	9	3	5	8
9	3	7	5	1	8	2	6	4
5	8	6	2	4	3	7	1	9
7	4	5	3	9	6	8	2	1
3	9	2	1	8	5	4	7	6
8	6	1	7	2	4	9	3	5

67

8	6	4	5	1	7	2	3	9
7	9	1	3	4	2	6	8	5
2	3	5	9	8	6	7	4	1
4	7	2	1	6	3	5	9	8
5	8	6	4	7	9	3	1	2
9	1	3	2	5	8	4	6	7
1	5	9	6	2	4	8	7	3
3	4	8	7	9	5	1	2	6
6	2	7	8	3	1	9	5	4

68

8	7	4	2	9	3	6	5	1
9	3	1	4	6	5	2	7	8
5	2	6	7	8	1	4	3	9
6	8	2	3	7	9	5	1	4
3	4	9	1	5	6	8	2	7
7	1	5	8	4	2	3	9	6
4	9	8	5	2	7	1	6	3
1	5	7	6	3	8	9	4	2
2	6	3	9	1	4	7	8	5

69

4	2	9	5	1	3	6	7	8
7	5	1	6	2	8	9	4	3
8	6	3	9	7	4	5	2	1
9	4	7	8	6	5	1	3	2
2	1	5	7	3	9	4	8	6
6	3	8	2	4	1	7	5	9
3	8	4	1	5	6	2	9	7
5	7	6	3	9	2	8	1	4
1	9	2	4	8	7	3	6	5

答案 DAAN

70

6	8	1	4	2	3	5	9	7
9	5	3	7	6	8	1	2	4
7	4	2	5	1	9	3	6	8
8	9	6	2	7	5	4	1	3
1	3	5	9	4	6	7	8	2
4	2	7	8	3	1	9	5	6
5	7	4	1	8	2	6	3	9
2	6	9	3	5	4	8	7	1
3	1	8	6	9	7	2	4	5

71

9	5	2	3	1	6	7	8	4
3	7	8	4	2	9	6	5	1
4	1	6	7	8	5	3	2	9
6	3	5	8	4	2	9	1	7
1	2	4	9	3	7	8	6	5
7	8	9	5	6	1	2	4	3
5	6	3	1	7	8	4	9	2
8	4	1	2	9	3	5	7	6
2	9	7	6	5	4	1	3	8

72

1	5	7	3	8	6	9	4	2
4	6	9	2	7	1	8	3	5
2	8	3	9	5	4	7	1	6
8	2	6	5	3	7	4	9	1
7	4	5	1	9	8	6	2	3
9	3	1	4	6	2	5	7	8
6	7	2	8	1	9	3	5	4
3	9	4	6	2	5	1	8	7
5	1	8	7	4	3	2	6	9

73

3	9	2	6	5	1	7	4	8
7	4	6	9	3	8	1	5	2
5	8	1	4	2	7	9	3	6
2	6	4	8	7	9	5	1	3
8	7	3	2	1	5	4	6	9
9	1	5	3	4	6	2	8	7
6	2	7	5	8	4	3	9	1
4	3	9	1	6	2	8	7	5
1	5	8	7	9	3	6	2	4

74

4	9	7	8	1	6	5	2	3
6	3	5	4	2	7	9	8	1
8	2	1	5	3	9	7	6	4
2	5	6	9	4	3	1	7	8
7	8	4	6	5	1	3	9	2
3	1	9	7	8	2	4	5	6
9	4	2	3	7	8	6	1	5
1	7	3	2	6	5	8	4	9
5	6	8	1	9	4	2	3	7

75

2	9	1	3	4	8	5	7	6
4	8	6	7	5	2	3	1	9
5	3	7	6	9	1	2	4	8
6	5	8	1	3	9	7	2	4
9	1	3	2	7	4	6	8	5
7	2	4	8	6	5	9	3	1
1	6	2	5	8	3	4	9	7
8	7	9	4	2	6	1	5	3
3	4	5	9	1	7	8	6	2

76

9	8	1	2	4	7	3	6	5
4	6	3	1	8	5	2	7	9
7	5	2	3	6	9	4	1	8
6	2	8	4	1	3	9	5	7
3	1	7	5	9	6	8	2	4
5	4	9	8	7	2	6	3	1
1	3	4	6	5	8	7	9	2
8	9	6	7	2	1	5	4	3
2	7	5	9	3	4	1	8	6

77

1	2	7	5	9	6	8	4	3
6	3	4	1	8	2	7	5	9
5	8	9	3	7	4	2	6	1
4	9	1	6	3	8	5	7	2
3	6	8	7	2	5	1	9	4
7	5	2	4	1	9	6	3	8
8	1	3	9	5	7	4	2	6
2	7	6	8	4	3	9	1	5
9	4	5	2	6	1	3	8	7

78

1	5	6	3	2	8	9	7	4
2	3	7	9	4	1	6	8	5
9	8	4	6	7	5	1	3	2
5	1	9	2	3	7	4	6	8
6	4	2	8	5	9	7	1	3
3	7	8	4	1	6	5	2	9
4	9	1	7	8	3	2	5	6
8	6	5	1	9	2	3	4	7
7	2	3	5	6	4	8	9	1

79

7	8	1	2	3	9	6	5	4
2	4	3	7	5	6	9	1	8
9	5	6	4	8	1	3	2	7
4	3	8	1	9	5	7	6	2
6	9	2	3	7	4	1	8	5
1	7	5	8	6	2	4	3	9
8	2	9	6	1	7	5	4	3
5	6	4	9	2	3	8	7	1
3	1	7	5	4	8	2	9	6

80

6	9	4	7	5	3	2	8	1
8	2	3	9	1	6	7	4	5
1	7	5	4	2	8	9	3	6
2	6	8	5	3	9	4	1	7
3	1	7	8	4	2	5	6	9
4	5	9	6	7	1	3	2	8
5	4	1	2	8	7	6	9	3
7	3	6	1	9	4	8	5	2
9	8	2	3	6	5	1	7	4

81

7	5	6	2	1	8	9	4	3
2	4	9	7	5	3	8	1	6
8	3	1	6	9	4	7	5	2
3	8	7	1	4	2	6	9	5
4	9	2	5	3	6	1	7	8
6	1	5	8	7	9	3	2	4
1	2	3	9	8	5	4	6	7
5	7	4	3	6	1	2	8	9
9	6	8	4	2	7	5	3	1

82

4	3	8	2	5	9	7	6	1
6	5	7	1	4	8	3	9	2
2	1	9	3	7	6	4	8	5
5	8	4	7	6	1	2	3	9
3	6	1	4	9	2	8	5	7
7	9	2	8	3	5	6	1	4
8	4	3	9	1	7	5	2	6
1	7	6	5	2	3	9	4	8
9	2	5	6	8	4	1	7	3

83

5	3	4	2	1	8	6	7	9
7	8	1	9	6	3	4	2	5
2	6	9	5	7	4	1	3	8
1	4	6	7	2	5	9	8	3
9	5	2	3	8	6	7	1	4
3	7	8	1	4	9	2	5	6
6	1	5	8	9	7	3	4	2
8	9	7	4	3	2	5	6	1
4	2	3	6	5	1	8	9	7

84

2	3	6	7	5	9	1	8	4
4	1	7	8	3	2	5	9	6
8	5	9	1	6	4	7	2	3
5	9	3	2	1	7	6	4	8
7	8	4	3	9	6	2	1	5
1	6	2	5	4	8	3	7	9
3	7	5	9	8	1	4	6	2
9	4	1	6	2	5	8	3	7
6	2	8	4	7	3	9	5	1

85

8	2	9	4	1	3	5	7	6
4	1	3	5	6	7	8	9	2
6	5	7	2	9	8	3	1	4
7	3	4	9	5	6	1	2	8
9	6	2	7	8	1	4	3	5
5	8	1	3	4	2	7	6	9
3	7	6	8	2	5	9	4	1
2	4	5	1	3	9	6	8	7
1	9	8	6	7	4	2	5	3

86

3	1	2	4	8	9	6	7	5
9	6	4	2	5	7	8	1	3
5	7	8	1	3	6	9	2	4
7	9	1	8	6	5	4	3	2
4	5	3	7	9	2	1	6	8
2	8	6	3	4	1	7	5	9
8	4	7	5	1	3	2	9	6
6	2	5	9	7	4	3	8	1
1	3	9	6	2	8	5	4	7

87

3	8	4	5	9	7	1	2	6
1	6	7	8	2	3	4	9	5
5	2	9	4	1	6	8	3	7
2	7	5	3	8	9	6	1	4
8	4	1	6	5	2	9	7	3
6	9	3	7	4	1	2	5	8
9	3	8	2	6	5	7	4	1
7	1	6	9	3	4	5	8	2
4	5	2	1	7	8	3	6	9

88

2	9	4	1	5	7	6	3	8
3	1	7	6	8	4	5	2	9
8	5	6	2	9	3	1	4	7
1	2	5	3	7	6	9	8	4
4	6	9	8	2	1	3	7	5
7	8	3	9	4	5	2	6	1
6	3	8	4	1	9	7	5	2
9	7	2	5	3	8	4	1	6
5	4	1	7	6	2	8	9	3

89

9	3	5	1	6	4	7	8	2
4	7	2	9	3	8	5	1	6
1	8	6	2	7	5	3	9	4
6	9	4	3	8	1	2	7	5
7	2	8	5	4	9	6	3	1
3	5	1	7	2	6	8	4	9
5	6	3	4	1	7	9	2	8
2	1	9	8	5	3	4	6	7
8	4	7	6	9	2	1	5	3

90

6	1	7	8	9	5	2	4	3
9	2	4	3	1	7	8	6	5
3	5	8	2	6	4	7	1	9
7	8	9	1	2	3	6	5	4
1	3	2	4	5	6	9	8	7
4	6	5	7	8	9	1	3	2
2	9	3	6	4	8	5	7	1
8	4	1	5	7	2	3	9	6
5	7	6	9	3	1	4	2	8

91

6	3	7	8	1	2	5	9	4
2	9	4	5	6	3	1	8	7
8	1	5	9	4	7	3	6	2
4	2	1	6	8	5	9	7	3
3	6	8	7	9	4	2	1	5
5	7	9	3	2	1	6	4	8
1	4	3	2	7	9	8	5	6
7	5	6	1	3	8	4	2	9
9	8	2	4	5	6	7	3	1

92

9	1	3	2	6	4	8	5	7
4	7	5	1	9	8	6	3	2
8	2	6	7	3	5	9	1	4
1	6	2	3	4	7	5	9	8
7	4	8	5	1	9	2	6	3
3	5	9	6	8	2	7	4	1
8	9	7	4	2	1	3	8	6
6	8	1	9	7	3	4	2	5
2	3	4	8	5	6	1	7	9

93

3	7	8	2	5	4	6	9	1
2	6	4	9	1	7	8	5	3
5	9	1	6	8	3	7	2	4
4	2	6	3	7	1	9	8	5
9	5	7	4	2	8	3	1	6
1	8	3	5	6	9	4	7	2
8	4	9	1	3	5	2	6	7
7	1	2	8	4	6	5	3	9
6	3	5	7	9	2	1	4	8

答案

DAAN

94

1	2	6	3	4	5	9	7	8
9	3	8	6	7	1	5	4	2
4	7	5	9	2	8	3	6	1
6	8	3	1	9	4	7	2	5
7	4	9	5	6	2	8	1	3
2	5	1	7	8	3	4	9	6
8	6	2	4	5	7	1	3	9
5	1	4	2	3	9	6	8	7
3	9	7	8	1	6	2	5	4

95

1	4	9	6	2	8	7	5	3
3	2	7	5	1	9	4	8	6
5	6	8	7	4	3	1	9	2
8	5	3	4	6	1	9	2	7
6	7	4	2	9	5	3	1	8
2	9	1	8	3	7	5	6	4
9	8	5	3	7	6	2	4	1
7	1	2	9	8	4	6	3	5
4	3	6	1	5	2	8	7	9

96

9	4	8	3	6	7	1	5	2
7	2	5	1	9	8	6	3	4
1	6	3	5	4	2	7	9	8
3	1	4	8	7	5	2	6	9
2	8	6	4	1	9	3	7	5
5	9	7	2	3	6	4	8	1
6	7	2	9	8	4	5	1	3
8	5	1	6	2	3	9	4	7
4	3	9	7	5	1	8	2	6

97

3	9	4	2	7	5	6	8	1
8	1	7	3	9	6	2	4	5
8	6	2	4	1	8	9	7	3
4	2	9	7	6	3	5	1	8
7	5	1	9	8	2	3	6	4
6	8	3	1	5	4	7	9	2
9	3	8	6	2	1	4	5	7
1	4	6	5	3	7	8	2	9
2	7	5	8	4	9	1	3	6

98

1	3	2	8	5	9	7	6	4
4	8	9	3	6	7	5	2	1
6	7	5	1	4	2	8	3	9
3	5	1	4	2	6	9	8	7
2	9	7	5	1	8	6	4	3
8	4	6	9	7	3	1	5	2
5	2	3	7	8	1	4	9	6
9	1	8	6	3	4	2	7	5
7	6	4	2	9	5	3	1	8

99

8	4	6	5	1	7	9	3	2
3	7	9	4	6	2	1	5	8
1	5	2	9	8	3	4	7	6
5	3	1	2	7	4	6	8	9
9	6	4	1	5	8	3	2	7
7	2	8	6	3	9	5	4	1
2	9	5	7	4	6	8	1	3
6	1	3	8	2	5	7	9	4
4	8	7	3	9	1	2	6	5

100

3	2	5	1	4	7	8	9	6
4	8	1	3	6	9	7	5	2
9	7	6	2	5	8	4	3	1
5	1	8	6	7	3	9	2	4
2	4	3	9	8	5	6	1	7
7	6	9	4	1	2	5	8	3
1	5	7	8	3	6	2	4	9
6	9	4	5	2	1	3	7	8
8	3	2	7	9	4	1	6	5

101

1	4	3	9	2	5	8	7	6
5	8	6	7	3	4	1	2	9
9	2	7	1	6	8	4	3	5
4	9	8	2	1	3	5	6	7
2	7	1	8	5	6	9	4	3
6	3	5	4	7	9	2	1	8
3	6	4	8	9	1	7	8	2
8	5	2	6	4	7	3	9	1
7	1	9	3	8	2	6	5	4

102

8	7	3	6	2	5	1	4	9
6	5	4	1	7	9	8	2	3
1	9	2	4	8	3	7	5	6
5	8	7	2	3	1	9	6	4
4	3	9	5	6	8	2	1	7
2	6	1	9	4	7	3	8	5
7	1	8	3	5	6	4	9	2
9	2	5	7	1	4	6	3	8
3	4	6	8	9	2	5	7	1

103

5	8	9	2	3	7	1	6	4
7	1	4	9	8	6	2	3	5
6	2	3	4	5	1	7	8	9
4	6	5	3	2	8	9	7	1
1	9	7	6	4	5	8	2	3
2	3	8	1	7	9	4	5	6
9	5	2	7	1	3	6	4	8
3	7	1	8	6	4	5	9	2
8	4	6	5	9	2	3	1	7

104

9	3	1	6	5	7	2	4	8
2	7	4	9	1	8	5	3	6
8	5	6	3	4	2	9	1	7
1	6	7	2	3	9	8	5	4
5	8	9	1	7	4	6	2	3
4	2	3	5	8	6	1	7	9
3	1	8	7	9	5	4	6	2
6	4	5	8	2	3	7	9	1
7	9	2	4	6	1	3	8	5

105

3	4	9	1	6	5	8	2	7
1	7	2	9	3	8	5	4	6
5	6	8	7	2	4	1	3	9
4	1	6	5	8	7	3	9	2
9	2	7	4	1	3	6	8	5
8	3	5	2	9	6	7	1	4
6	5	1	8	4	2	9	7	3
2	8	3	6	7	9	4	5	1
7	9	4	3	5	1	2	6	8

106

3	7	2	8	1	4	5	9	6
9	4	6	2	5	3	1	7	8
5	8	1	7	6	9	4	2	3
6	3	9	1	2	7	8	5	4
8	5	7	4	3	6	9	1	2
1	2	4	5	9	8	3	6	7
2	6	3	9	4	5	7	8	1
4	9	8	6	7	1	2	3	5
7	1	5	3	8	2	6	4	9

107

5	7	3	2	8	9	6	1	4
1	2	8	3	4	6	7	5	9
4	6	9	1	7	5	2	3	8
7	4	5	9	3	2	8	6	1
6	8	1	7	5	4	9	2	3
9	3	2	8	6	1	4	7	5
3	1	7	6	9	8	5	4	2
8	5	6	4	2	3	1	9	7
2	9	4	5	1	7	3	8	6

108

5	2	8	9	4	7	6	1	3
9	1	3	6	8	2	5	4	7
6	7	4	1	5	3	9	8	2
1	4	7	3	6	5	8	2	9
2	3	5	4	9	8	1	7	6
8	9	6	7	2	1	4	3	5
4	8	9	2	7	6	3	5	1
7	5	1	8	3	9	2	6	4
3	6	2	5	1	4	7	9	8